主体的な子ども、自治的なクラスを育む！

学級会

須永吉信
Sunaga Yoshinobu

はじめに

こんにちは。須永吉信といいます。

本書のテーマは「学級会の指導」です。

この「はじめに」を書いているのは3月下旬なのですが、先日、とても印象に残る出来事が2つありました。

1つは、20歳を迎えた卒業生たちとの同窓会での出来事です。

「小学校で一番覚えていること」が話題になりました。

「私は、やっぱり学級会だな。計画書とかをグループでつくって、みんなで討論して。学校イベントも開いて。いろんなこと話し合ったよね」

「そう、私もそれ！　中学、高校に行ったときに学級会の話をしても、だれにも通じないから、こういうのってうちのクラスだけだったんだって、卒業してから気づいた」

修学旅行や卒業式ではなく、真っ先に学級会の話が出てきたことに驚きました。

もう1つは、先日送り出した6年生の卒業式当日の出来事です。保護者の方々がこんなふうに話してくださったのです。

「うちの子は、毎週学級会の日になると、張り切って学校に行ってたんですよ。なんでも子どもたちの手で話し合ったり企画したりして、本当に楽しそうでした」

「6年生になって（代表委員会などで）学校イベントをたくさん開いていたじゃないですか。毎日本当に楽しそうでした」

私はこれにも驚きました。

「学級会指導に力を入れて一番よかったことは何か？」と問われれば、私は**「クラスが個性豊かに、かつ集団として一丸となったこと」**をあげるでしょう。

子どもたちがのびのびと、自由闊達にいきいきと毎日を過ごし、トラブルがあればみんなで丸くなって真剣に話し合う。それぞれの個性や特技を生かしながら、ダイナミックに自分たちの学級・学校を自分たちの手でつくり上げていく。

そして、その「実感」は卒業生の中にも、保護者の皆さんの中にも連綿と息づいているのです。

私は先述のような生の声を聞くたびに、喜びと同時にいくばくかの安堵を覚えます。なぜなら、**学級会は成果が見えにくい活動だから**です。こうした実感（成果）は何年も経ってからやってくる、ということが少なくありません。私自身「このまま続けてもよいものか…」といった苦悩や挫折をたくさん経験してきました。

もしかしたら、本書を手に取った先生方の中にも、日々の多忙も相まって、学級会指導に力を入れることに躊躇している方がいるかもしれません。

しかしながら、身銭を切って本書を手にするほど、心から「いいクラスをつくりたい！」と思っている先生にこそ、私は学級会指導に力を入れてほしいと願っています。

本書が、「明日のクラスを少しでもよくしたい」と真摯に子どもたちと向き合う先生方のお役に少しでも立つなら、本当に幸せに思います。

２０２４年３月

須永吉信

もくじ

第1章　なぜ、今「学級会」なのか

第2章　学級会を成立させるための下準備

第3章 学級会づくりの10のステップ

第4章 学級会を成功に導く10のポイント

第5章 学級会の実際 1年間の成長を比較する

第6章　学級会の議題集

第1章　なぜ、今「学級会」なのか

1 自治的な学級の中核に学級会を

夕暮れ時の職員室。

「明日は学級会があるな…」

と私はよく億劫になりました。

20代の記憶です。

「自分が仕切る教科の授業ですら精一杯なのに、子どもたちで進める学級会なんて、到底指導できそうもない…」

というのが本音でした。

私が若いころは、団塊の世代に加え、さらに上の世代の方々もたくさん職場にいて、50人近くいる職員室に20代は4、5人程度という、今では考えられない環境でした。

しかも、その世代の先生方が若いころは、（聞いた話ですが）学級会文化が盛んだったらしく、学級会指導の上手な先生がたくさんいました。４クラスの学年でしたが、どのクラスでも学級会が月２、３回は開かれ、私はよく廊下から盗み見したものです。

それから月日は流れ15年。

職場の顔ぶれは20代の先生が大半を占めるようになりました。現場を取り巻く環境は様変わりしています。また「教育」という枠組みで俯瞰しても、旧態依然とした体制を見直し、主体的、対話的な教育へシフトしていくことが求められています。

それらを学校の教育現場で実現していくためには、自治的な学級づくりがすべての基礎になるでしょう。**そのような自治組織の中核に「学級会」を据える必要がある**と私は考えています。

しかし、現場の状況に鑑みると、15年の間に教科数は増え、授業時数は増え、学習内容も増えました。正直、現場では教科書を教えるだけで精一杯です。

教師間で明日の教科指導について質問したり、それに答えたりする余裕もない中で、学級会の指導方法まで話し合う時間はなかなかないでしょう。

そのような中で、

「教師が直接指導できない（子どもたちの手で運営する）」

「教科書がない」

「指導書もない」

という、ないない尽くしの学級会に取り組むのは簡単ではありません。

これからの教育の方向性を考えたとき、学級会の存在価値は大きくなっていくはずであるにもかかわらず、多忙さに翻弄されて、本当に必要なことに手が出ない。

そんな歯痒い状況を打開していただくために、本書があります。


さて、20代のころのノートを見返したら、当時の私の学級会への不安や指導上の問題点が書いてあったので、列記してみます。

・成果が見えにくい（学習を進めた方が効率的では？）
・子どもたちで話し合わせても意見が深まらない
・いつも同じ子だけ発言する
・集中力が切れてしまい、7割くらいお客さんになってしまう

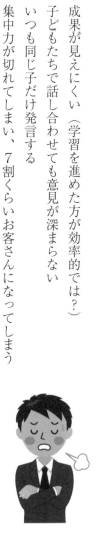

・どの意見も賛成ばかりで、議論が進まない
・意見がかみ合わないと険悪な雰囲気になる
・意見が出ないときの沈黙が気まずい
・議題に対する解決策が実行できないものが多い（学校のルールに触れるため）
・議題箱になかなかいい意見が集まらない
・子どもたちの司会がうまくいかず、ほとんど自分が口を出してしまっている

ざっとあげてみましたが、「こんなに多いのだから、うまくいかなくて当たり前だよな」と今更ながらに思います。

ただ、「ひょっとすると、これらはほとんどの先生に共通した悩みなのでは？」とも思います。

こうした悩みに対して、一つひとつ、自分で調べたり、よい実践を取り入れたりしながらリフレクションを重ねていった結果が本書ですから、もしあなたが私と同じような悩みをもっているのなら、本書は必ず役に立つはずです。

2　学級会のすばらしさ

これからの教育で学級会の存在価値が大きくなってくるというのは、あくまで「意義」の話です。意義だけではなかなか人の心は動きません。

そこで、同時に大切になってくるのが「実感」です。

心の底から「やってみたい」「やってよかった」「必要だ」と思うことが、自分の実践を進める原動力になります。

私も学級会を「やってみたい」と強く実感した出来事がありました。

初任のころの私は、絵にかいたような力量不足の教員でした。

クラスはまとめられない、仕事はできない、熱意は空回り、多方に迷惑をかけ、クラスがうまくいかないのは、まったくもっての力不足が原因でした。

それを見かねた職場の恩師に、

「子どもたちの心の声が聞こえないのか。先生の授業がわからないっていう声だよ」

と諭されて目が覚めました。

「才能のない自分にできることは読書だけだ」と思い立ち、そこで出会った本がきっかけで、（本当の意味での）教師への道がスタートしました。

勉強の過程でつくづく感じたのは、「教師は集団のリーダーである」という自覚です。学級経営の基礎中の基礎である、いわゆる「縦の関係」を構築するところから私の勉強は始まり、コーチングスキルなども並行して学んだ成果か、20代後半にはそれなりにクラスをまとめられるようになりました。

30代になると、子どもたちは言うことをよく聞くし、授業をすれば一生懸命受けてくれるようになりました。クラスもまとまっているように見えました。

けれども、心の奥底では不安を感じていました。「このまま子どもたちを私の意のままに動かしていてもいいのか」という不安です。子どもたちが自分の色に染まってしまうのではないかと怖くなり、一時期は指示1つするのも恐れるようになってしまいました。ほとんどノイローゼになってしまい、夜もまともに眠れなくなっていました。

同時に、30代になって、どこか子どもたちとの距離を感じるようにもなりました。そのせいか、「子どもたちをロボットのように動かしているのではないか」という思いは日に日に強くなっていきました。

そんなときに私を救ってくれたのが、あるクラスで行われていた「クラス会議（学級会の指導方法の1つ）」でした。

そのときは廊下を通りかかっただけですが、クラス会議ではいすを持ち寄って円になることは知っていたので、教室の様子に目が留まり、興味本位で足を止めたのでした。

しかし、子どもたちの様子に釘づけになりました。

「低学年の子どもたちが、こんなに前のめりになって自分の意見を言うなんて！」

私は衝撃を受けました。

子どもたちののびのびとした姿。それでいて、意見を言うときは真剣で、反対意見が出ても実に和やかに

対話しています。まさに、私が求めている子どもの姿でした。

私は、その日の放課後には、クラス会議の本を10冊近くネットで購入しました。そこで出会った赤坂真二先生のご著書（後述）が、私を第二の教師の道へと導いてくれました。

それからの私は、いわゆる「横のつながり」を強く意識するようになりました。学級会（クラス会議がメイン）以外にも、ペアトーク、グループディスカッション、ディベート、ブレインストーミング（などのファシリテーションの技法）や係活動、イベント企画などに取り組むようになりました。

少々長くなってしまいましたが、当時の私がいかに「実感」して学級会に臨むようになったかはご理解いただけたかと思います。

皆さんはすでに何らかの「実感」があるからこそ、本書を手に取ってくださったのだと思いますが、ぜひ数多くの学級会をその目で見てください。学級会は、臨場感（ライブ感覚）を伴わないとそのすごさや技術が見えません。校内の先生でもいいですし、隣接校の公開授業や附属小の公開研もいいですね。ぜひ足を運んで、実際に見聞きし、強い「実感」を得られれば、まさに鬼に金棒だと思います。

3　今の教室と学級会

「意義」と「実感」に加えて、学級会を実践していく「環境」について論じたいと思います。

自分が「やりたい！」と思っても、その環境がそれを必要としていないのであれば、実践する意味はありません。

私も若いころは、やってみたい気持ちが先行し過ぎて、なんでもかんでも実践を教室にもち込んでいました。「教室が、子どもたちが、その環境が、それを本当に必要としていたのか、一度冷静に考えればよかったな」と今更ながらに反省しています。

では、今の教室は学級会を必要としているのでしょうか。

結論からいうと、今の教室こそ、学級会を必要としているのではないかと思います。

私の実感では、今の小学校現場は、躾を行い社会にふさわしい人材を育てる場ではなく、楽しく安全に生活を送るだけの場になっているように思われます。聞いた話では、大学ですら、学生が不登校になると保護者に説明しなくてはいけないといいます。一般企業ですら、そのうち保護者説明会を開く必要に迫られるかもしれません（もしかしたら、すでにそうしている企業があるかもしれませんが…）。

このような、社会の未成熟化に加え、世界的に見ても、これからの社会は個人第一主義です。一人ひとりの考え方やあり方を大切にし、個性を尊重するのは世界の共通理解と言ってよいでしょう。

日本の社会では、これが「わがままを助長する」「日本人の美徳を歪める」といった論理にすり替えられがちですが、それは間違っていると私は思います。個の尊重は哲学的にも歴史的にも経済的にも、人としての豊かさの象徴であり、希望であるからです。

今後、このような傾向がますます増大していく教室では、教師がこれまでのように「ああしなさい、こうしなさい」と社会通念に則って厳しく指導することが、ますます困難になります。さらに、子どもたちの横の関係にしても、昔は「こういうものだよ」と言えばお互いにすり合わせられた差異が、そのまま摩擦になっていくでしょう。

そこで私は、今の教室では、

- **行動の理由を説明する**
- **お互いに納得感を得る**
- **気持ちを理解する**

といったアプローチが必要不可欠だと考えています。

これらのアプローチは、教師と子どもという縦の関係だけではなく、子どもたち同士の横の関係においても重要です。

そして、これらのリテラシーやスキルを高める場が、学級会なのです。

より具体的には、

- **問題が起こったときの解決の手順**
- **自分の感情や考えを伝える技術**
- **共感する大切さと思考の柔軟性**

など、お互いに円滑にコミュニケーションを取っていくための具体的な方法が数多く学べます。

なお、個人主義はこれまでの日本の社会のあり方とは違いますが、決して悪いものではありません。日本の社会も同調圧力が問題視されてきたように、何事にも一長一短があります。

個人主義の「短」の部分を補完するのが民主主義であり、教室内での民主主義的な手続きが学級会であると私は解釈しています。

4　クラスがなんかいい感じ

私は今、勤務校で特別活動主任であり、学級活動の計画が重要な仕事の1つです。特別活動通信を配付したり、学級会（クラス会議）を公開したりして、学級会の普及活動にいそしんでいます。

勤務校の先生方は本当にすばらしく、これだけの取組で、数多くの先生が学級会（クラス会議）を実践してくださっています（私が逆の立場だったらおそらくやりませんから、本当に頭が下がる思いです）。

私の教室に見学に来た初任の先生は、

「子どもたちからどんどんアイデアが出て、話し合いがブレたときも自分たちで軌道修正していて、子どもたちの底力というか、本当にすごい姿が見られました」

と言ってくださいました。

同年代の先生は、

「1年生でできるか不安だったけど、やってみたらうまくいきましたよ。なんかいい時間が流れて、ほっこりしたなぁ」

と言ってくださいました。

少し年下の先生は、

「これまでだれにも教えてもらえなかったから、（特別活動通信を読んで）ノウハウがわかって安心して試すことができました。先生も通信に書いていましたけど、目に見える成果ってないんですよね。でも、なんかクラスがとてもいい感じになるんです。この『いい感じになる』っていうのが、数値化できないのがもったいないなぁ」

という感想を伝えてくださいました。


本当にすばらしい先生方に囲まれています。

感想にもある通り、学級会をすると、

「クラスがなんかいい感じ」

になるんです。

ぜひこのことを頭の片隅において、この先を読み進めていただければ幸いです。

第2章 学級会を成立させるための下準備

0　学級会は、急にはできない

学級会の指導は、難しいものです。

教科書も指導書もない中で、子どもたちの手で運営する必要があるからです。**何の準備もなく学級会を始めるのは、未経験者がいきなりフルマラソンを走るようなものです。**しかも、学級会は教師と子どもたちの二人三脚です。

さらに、学級会の失敗は、教師にとっても子どもたちにとっても精神的なダメージが大きいのです。授業なら「次はもっと工夫しよう」で済みますが、**学級会は子どもたちが主役なので、失敗感がダイレクトに子どもたちの間に漂います。**これは教師自身の失敗よりも、はるかに精神的にキツいです。

そこで、まずはハーフマラソンが走れるレベルまでは最低限鍛えて、自信をつける必要があります。

この「鍛えて自信をつける」という過程が学級会の成功のカギなので、心に留めておいてください。

ただ、ひと言で「鍛える」といっても、苦痛や困難を与えるのではありません。

ポイントは２つです。

・少しずつ難易度を上げる
・毎日同じことを繰り返す

スモールステップをイメージするとわかりやすいです。だれもが「簡単！」と思えるレベルから始めてください。

ただ、通常のスモールステップでは、できたら次のステップに上がりますが、次項から示すことは「十分できたな」と感じても、しばらく継続してください。**「（一度）できた」と「（継続的に）できる」は大きく異なる**からです。この違いが肌感覚でわかるようになれば、学級会の指導は劇的にスムーズになるでしょう。

1 聞く練習

静かに聞けない教室で学級会は成立しない

学級会の指導で一番最初に困るのは、実は静かに聞かせる指導です。

学級会では、発表している1人を除いて、静かに話を聞かなくてはいけません。少しでも聞きそびれると、意見の前後関係がわからなくなり、話題についていけなくなります。

しかも、司会は教師ではなく子どもです。必ずしもわかりやすいとは言えない発言が飛び交う中で、一人ひとりの発言者に傾聴し、司会に対しては敬意をもって指示や注意に従い、会に参加しなくてはなりません。

学級会でまず肝心なのは、しっかり話を聞かせる指導であり、それがおろそかになると、どんなに工夫や手立てを講じてもうまく機能しません。私もはじめはこの重要性にまったく気づくことができず、なぜ学級会がうまくいかないのか日々悩んでいました。

まず、静かにできない教室は教師が何回も注意しなくてはいけなくなり、会が思うように進行しません。そのような教室では、十中八九学級会が最後まで終わりません。

また、静かにしていても「本当に聞いているかは別」なのです。聞いているようで聞いていない教室では、意見が深まらず、発言者も少なくなります。**静か＝傾聴ではない**ことも念頭においてください。

実際の指導は、次のようなステップを踏むとよいでしょう（細かい部分は実態に応じてアレンジしてください）。

①〇秒間、一点を見つめる練習

まずは、静かにする習慣を身につけさせます。

特に低学年では、10秒も静かにしていられないというのが、多くの教室の実態です。

まずは10～30秒間、一点を見つめる練習をします。指示棒の先に小さなボールを取りつけたり、小さなぬいぐるみを見せたりするとよいですが、人差し指を高めに上げて、それに集中させるだけでも大丈夫です。

子どもたちが慣れてきたら、時間を伸ばしてください。最大1分間程度とし、そのかわり視線を逸らす場合は、必要に応じて注意をしてください。集中させることが大切です。

足をぶらぶらさせながら窓の外を見ている、などではなく、意識的に静かにさせるようにしてください。

1分間を十分にできるようになったら、次はゆっくり指示棒を動かし、それを目で追わせるようにします。ここまでできれば、第一段階はクリアです。

②単語・文章を聞き取る練習

静かにできるようになったら、話の内容をしっかり聞き取る指導に入ります。静かな環境で、単語を3つ言い、それを書き取らせます。

書き取らせたら、教師がゆっくりと答えを言います。この答えも静かにしっかりと聞かせます。

「できた!」「やった!」などの反応も控え、最初から最後まで静まり返った状況でできることが最高であることを念押ししてください。この「いちいち反応しない」ことの大切さは、小学校現場の先生ならすぐにわかるかと思いますが、学級会では特に重要です。

学級会では、手をあげて発言するのが基本であり、勝手な発言は進行の妨げになります。またそのような発言に対して「静かにしてください」と注意するのは司会者です。教師が

①一点を見つめる練習

・10～30秒間、一点を見つめる。最大1分間。
・ゆっくり指示棒を動かし、それを目で追えるようになればクリア。

②単語・文章を聞き取る練習

・静かな環境で、単語を3つ言い、それを書き取る。
・高学年なら文章にして、要点を書き取らせるレベルまでいけるとよい。

対応する授業では許容範囲でも、学級会では司会の子どもの負担になってしまうので、口を挟ませない指導は重要です。

3つができるようになったら、数を増やしていくとよいでしょう。高学年なら文章にして、要点を書き取らせるレベルまでいけるとよいと思います。

本当にできるようになったら、教師役も子どもにさせます。ただし、あくまで教師と同じレベルでできることが前提です。学級会において、司会者の指示は教師の指示と同じです。緊張感が絶対に緩まないことが前提になります。

※本項は『3ステップ「聞く」トレーニング自立と社会性を育む特別支援教室』（上嶋惠、さくら社）を参考にしています。

2 発表する練習

発表できないのは慣れていないから

聞くことに慣れてきたら、次は発表の練習です。

学級会がアクティブな状態になるためには、学級の3分の2程度の子どもが挙手し、積極的に意見を発言する必要があります。

しかし、多くの教室では、学級の3分の2の子供が積極的に挙手をするのは難しいと思います。授業でも多くて3分の1、しかも発言者は固定されている状態ではないでしょうか。このような状態で、子どもたちだけで活発に議論するのは極めて難しいでしょう。

ただし、子どもたちは本当に発表が苦手なのかというと、そうではありません。

昔は私も同じように悩んでおり、師である山中伸之先生に「発表が苦手な子が多いのですが…」と相談したことがあります。

先生は「『苦手』というのは、100回近くやってみてもまったく進歩しないときに使う表現だ」と仰っていました。要するに、**子どもたちは発表にただ慣れていないだけ**なのです。

そこで、次のような練習を繰り返していきます。

①意思表示する練習

簡単な質問に「イエス・ノー」で答えます。

例えば「りんごは好きですか」と教師が質問し、「はい（いいえ）りんごは好き（嫌い）です」と答えます。これをクラス全員やります。テンポよくやれば5分もかかりません。

ポイントは同じ質問でも教師が一人ひとりに質問を投げかけること、「はい」「いいえ」だけでなく「りんごは好き（嫌い）です」と自分の意思をはっきり言わせることです。

この2つはとても重要なので、必ず守るようにしてください。

②選択する練習

意思表示ができるようになったら、次は選択する練習です。

例えば「旅行したい国は次の4つのうちどれですか？」と質問し、子どもたちに答えさせます。これも先ほどと同様に、全員一巡するまで答えさせていきます。

ポイントは「私が行きたい国は○○です」ときちんと文章で話させることです。「アメリカです」「中国です」というように、断片的に答えた場合はやり直しさせてください。

慣れてきたら、四択ではなく、自分で考えて答えさせるとよいでしょう。

③考えを伝える練習

①と②に慣れてきたら、理由も発言させます。

例えば「りんごは好きですか」なら「はい。私はりんごが好きです。なぜなら、様々なお菓子の材料に使えるからです」というように、型を決めるとよいです。

慣れてきたら「理由は2つあります。1つ目は…」というように、ナンバリングして説明する練習も行います。

このレベルまでくると、本当に苦手な子を除いては、ほとんどの子が発表にプレッシャーを感じなくなります。

なお、この実践はテンポよく行いましょう。「間が空く」「早口」はいずれもよくないこ

①意思表示する練習

・簡単な質問に「イエス・ノー」で答える。
・「はい」「いいえ」だけでなく「りんごは好き（嫌い）です」と自分の意思をはっきり言わせる。

②選択する練習

・四択の質問に答える。
・「私が行きたい国は○○です」ときちんと文章で話させる。

③考えを伝える練習

・型を決めて理由を話す。
・慣れてきたらナンバリングして説明させる。

とを伝えてください。発言のテンポが集団として身についてくると、学級会でもスムーズに意見が流れるようになります。

　また、高学年であればメモを取らせ、最後に「このクラスはどっちの方が好きなの？」「一番少なかった意見は何？」と問題を出します。

　話を聞くスキルも高められ、まさに一石二鳥です。

3　肯定する練習
自由に議論をする雰囲気づくり

学級会では、肯定的な雰囲気が極めて重要です。

その肯定は「賛成意見」に限りません。反対意見もまずは肯定し、一度受け入れなくてはいけません。**反論・反対は議論を深めるためには必要不可欠で、反対意見を頭から否定するようでは、自由に議論をする雰囲気はつくれない**からです。どんなに賛成できない意見だとしても、まずは「なるほどね」と受け入れる姿勢が必要なのです。

ところが、日本社会には建設的に議論する風土が根づいておらず、日本人は議論が苦手だと言われています。違う意見や反対意見に対して、もともと感情的になりやすい（反感・反発をもちやすい）わけです。子どもたちも「いったんは無条件で肯定する」という感覚を練習で身につけないといけません。

①受容する練習

「?」「違うな」と思う意見も、まずは一度受け入れる（受容する）練習です。質問に対して必ず「イエス」で答えます。例えば「算数は好きですか」という質問に対して、全員無条件で「はい。私は算数が好きです」と答えます。「これは違うよな」と感じる状況を自分で生み出し、それを自ら肯定する（受容する）わけです。

最初は笑いや反発があると思います。はじめのうちは楽しい雰囲気で進め、説明をしながら、大事な練習であることを徐々に伝えていくとよいでしょう。これを発表の練習と同じように、テンポよく全員に答えさせていきます。

なお、なかなか「イエス」と答えづらい質問がベターですが、無条件で「イエス」と答えなくてはいけないため、質問内容には注意を払います。

また、練習でもうそをつきたくないと感じる子もいるので、その点は配慮が必要です。

②よいところを見つける練習

これは物事を多角的に見る練習です。

一見「嫌だな」と思うことのよいところを1人1つ発表していきます。例えば「持久走」「算数」「ピーマン」など、子ども目線でお題を考えると盛り上がります（もともとそれが好きな場合は普通に発表して構いません）。

「嫌だな」「違うな」と思うことも、視点を変えてみると、気づかなかったよさが見えてくる場合があります。はじめは二元論でしか物事を捉えられない子が多いのですが、慣れてくると大人も驚くような気づきを発表できるようになります。

③考えを発展させる練習

①を発展させた練習です。
肯定は「なるほどね」という意思表示だけで終わってはいけません。どこに共感したのか、自分ならどう考えるのか、などをしっかり言葉で伝えることで話し合いが深まります。

そこで、賛成意見のつけ足しをさせていきます。

例えば「次の外遊びは皆でドッジボールをする」とお題を出し、それに対して「私はドッジボールに賛成します。なぜなら、投げるのが苦手な子も逃げることで活躍できるからです」と理由を説明して肯定します（必ず肯定します）。

①受容する練習

・質問に対して必ず「イエス」で答える。
・練習でもうそをつきたくない子への配慮は必要。

②よいところを見つける練習

・「嫌だな」と思うことのよいところを発表する。
・子ども目線でお題を考えさせる。

③考えを発展させる練習

・賛成意見のつけ足しをする。
・前の意見を発展させる意見が言えると最高。

次の子は「私もその意見に賛成です。投げるのが苦手な子も投げる機会が増えるようにボールを増やすともっと楽しくなると思います」というように、前の意見を発展させる意見が言えると最高です。ただし、これはかなり高度なので、最低限「肯定+その理由」が言えていれば、意見がバラバラになってしまっても大丈夫です。また全員発表は難しいので、10人程度意見が続くのを目安としてください。

これらの練習をしていくと、学級会でまわりとは違う意見が出たり、だれかに反論されたりしたときも、子どもたちは相手の意見を受容できるようになります。どのような意見に対しても一度は受容し、そこから落ち着いて反論ができるようになれば、建設的に話し合いを進められるようになります。

4　反対する練習

反対意見を言うことにも練習が必要

授業でハンドサイン（賛成・反対・つけ足し）を使うシステムがあります。ハンドサインの良し悪しは別としても、これは反対意見を言えるシステムです。教師自身も「Aではなくて、それはBではないですか？」とか「Aさんの意見に反対意見はありますか？」というように、授業を深めるために意図的に否定したり、反対意見を募ったりすることがあります。議論の深まりがよい授業の条件という暗黙の了解があるからです。

ところが、**今の教室では、肯定が授業の絶対条件になりつつあり、否定や反論は、どんなに建設的でも「悪」と見なされる傾向が強まっている**ように感じます。研究授業ですら「反対はありますか？」と問う場面をまったく見かけなくなりました。

試しに、授業で「Aさんの意見に反対意見はありますか？」と尋ねることを想像してみてください。かなりプレッシャーを感じるのではないでしょうか。

聞いた話ですが、答えが間違っている算数の問題ですら、自己表現の一環だからという理由で○をつけてしまうことがあるそうです。

しかし、本来大切にするべきは「否定」「反対」「反論」を「学びが深まるチャンスだ」と「肯定」する前向きな意識でしょう。学級会に限らず、主体的・対話的で深い学びには反論による議論の深まりが必要不可欠です。

さて、このような状況で、反対意見を言わせるのには、やはり注意が必要です。**慣れていない子どもたちは（正直大人も）否定された＝攻撃されたと強く思い込む**からです。

そこで、だれも傷つかないように仮題を設定して、疑似的に反論の練習を繰り返す必要があります。

同時に、反対意見を言うメリットを繰り返し説明して意識を変えていきます。

意識の変化と慣れ（習慣化）によって、はじめて問題なく実践に移せます。他の練習よりも時間をかけて行ってください。

①否定する練習

子どもたちは「いいえ、違います」と言うことに抵抗があります。わかりきったことなら言えるのですが、「自信がないな」「本当にそうかな」と迷うことには、強い抵抗感を示します。

そこで「肯定」と同じように、質問に対して無条件で否定し、自分に負荷をかけていくわけですが、「いいえ」と言わせる質問には細心の注意が必要です。ですが「あなたは大人ですか?」のようにわかりきった質問では負荷がかからないので意味がありません。

そこで、ここでも「好きか嫌いか」を言わせると無理がありません。例えば「野菜が好きですか?」という質問に、「いいえ、私は野菜が嫌いです」と否定させます。こうして少しずつ「否定」への負荷に慣れさせていきます。

なお、練習とはいえうそをつくことになるので、ここでも一定の配慮が必要です。

②仮題に対して反対する練習

ただし、本来は「好きか嫌いか」の感情論ではなく、あくまで「論理」として建設的な反論が議論では求められます。

①否定する練習

・質問に対して無条件で否定する。
・「好きか嫌いか」を言わせると無理がない。

②仮題に対して反対する練習

・どう反対してもだれにも関係しない課題を設定し「反対＋理由」を言う。
・全体を見据えた建設的な意見をほめる。

そこで、どのように反対してもだれにも関係しない仮題を設定し（例えば「次のロング昼休みにドッジボールをする」など）、それに対して「反対＋理由」を言わせます（必ず反対）。

はじめは「自分が嫌いな理由」を述べるなど、個人論・感情論が多いのですが、全体を見据えた建設的な意見が必ず１つは出るので、それを毎回ほめるようにしてください。

この練習は否定の連続になるため、どんなに頭では理解していても雰囲気が悪くなることが予想されます。度が過ぎないように注意してください。

あくまでも「軽い負荷」に時間をかけて慣らし、前向きな雰囲気で、子どもたちの理解を深めながら実践していくようにしてください。

5 正反する練習
実は多くの反論は反論になっていない

学級会の一場面です。

「私はドッジボールには反対です。なぜなら、苦手な人が多いからです」
「私はその意見に反対です。ドッジボールを好きな人もいるからです」

学級会では、このような反対意見がよく出ますが、これは果たして「反対」の意見と言えるのでしょうか。

違います。正しく反論するなら「苦手な人が多い」に焦点を当てないといけません。この場合は**「好きな人もいる」という別の視点に話をすり替えてしまっています。**

このような「偽反論」が、学級会では大半を占めています。

では、次はどうでしょうか。

「私はドッジボールには反対です。なぜなら、ボールを投げる人がいつも決まってしまうからです」

「私はその意見には反対です。投げられない人は逃げればいいと思います」

一見、建設的に思えますが、これも「投げられない人は逃げればいい」という別の提案をしているにすぎません。「ボールを投げる人がいつも決まってしまう」という問題に対して反論していません。ここでは「ボールを投げる回数を決めればよいと思います」などが正しい反論（提案）と言えます。

このように、**一見かみ合っているようでかみ合っていない意見が多い学級会は、議論がほとんど深まりません。**

そこで、正しく反論する、正反（造語です）の練習をする必要があります。

①意見をかみ合わせる練習

まずは反対意見の例を示します。

次に、それに対して反対意見を出させます。

例えば、「学校にシャープペンを持ってくることには反対です。書くときにすぐに折れてしまうからです」という意見を示し、それに対してさらに反対させるわけです。

正しく反論するには「書くときにすぐに折れてしまう」に焦点を当てないといけません。つまり、ここでは「下敷きをきちんと使えば折れにくくなる」「芯の長さを調節すれば折れにくくなる」などが、かみ合った反対意見と言えます。

一方で「鉛筆も折れやすいです」「折れても芯をすぐに出せばいいと思います」などはかみ合った反対意見とは言えません。そのような場合はポイントを丁寧に説明します。

なお、全員に意見を言わせる必要はありません。難しい内容なので、意見の良し悪しにかかわらず、最後は発言者を全員ほめるようにしてください。

②意見をかみ合わせていく練習

①に慣れてきたら、お題を与えて自由に意見を募ります。

①意見をかみ合せる練習

・意見のポイントに焦点を当てて、かみ合った反対意見を言う。

②意見をかみ合せていく練習

・反対意見をバトンのようにつないでいく。
・意見が続かなくなったら別の意見を発表させる。

はじめに発言した人に対して、かみ合った反対意見を次の人が言い、さらにそれにかみ合った反対意見を次の人が言い…というように、意見のバトンをつないでいきます。意見が続かなくなった場合は別の意見を発表させ、それをリレーしていきます。

ただし、この練習は難易度が高いため時間がかかるうえ、うまくいかないことがよくあります。状況に応じて実施してください（①のみでも十分に効果があります）。

この正反する練習は大変重要で、これで意見がかみ合うようになると、学級会の話し合いが劇的に深まるようになります。子どもたちも先生も「やって意味があったな。よかったな」と実感できる学級会が実現するでしょう。

※2～5の実践は山中伸之先生の修正追試になります。

6　決定する練習
多数決には丁寧な説明と練習が必要

学級会で何かを決めるときは多数決を取ることが多いと思います（私はクラス会議をベースにしているので、多数決の中でも過半数の原理を採用しています）。

多数決で物事を決定するのは、民主主義において（今のところ）最良の手法です。選挙や裁判などの社会の重要事項も多くが多数決を採用しています。

ですが、中には**「結局は多数決で決まるからな…」と感じている子もいる**ことでしょう。「多数決で決まるんだから、意見を述べても意味ないよな」と感じるのは、大人でもよくあることだと思います。

多数決の原理は最良かもしれませんが、最善ではないのです。まずはこれを子どもたちにきちんと説明しないといけません。そのうえで、**「多数決で票を得るために意見を表明してアピールするのは大切なことだ」**と伝えます。

社会においても、明らかに間違っている方向に集団が流されてしまうことが多々あります。それが民主主義の怖いところでもあります。だからこそ「意見」を表明する必要があるし、そこに責任が伴うわけです。

その責任を引き受ける主体的な態度こそが、民主主義社会で生きる私たち一人ひとりの使命でもあります。学級会はその民主主義的な営みの縮図です。多数決にはそれだけ大切な意味があることをまずは伝えるべきです。

このように、多数決を取るためには、本当は丁寧な説明が必要です。

多数決を取る練習をすると、**会をスムーズに進行するうえでのメリット**が多くあります。

まず、多数決に慣れると決断が早くなります。学級会は多数決の時にかなり時間がかかるので時間の節約になります。

また、全員手をあげるようになるので、やり直す必要がありません。学級会では、挙手の総数が合わないと何度も数え直さなくてはいけなくなります。

さらに、ルールが徹底されるので、「やっぱりこっちに変えて！」「本当は逆にしたかったんだけどな」などの文句も出なくなります。

①素早く決断する練習

授業でもよく「Aだと思う人？　Bだと思う人？」と手をあげさせると思います。そのとき、子どもたちは全員手をあげているでしょうか。

私の感覚ですが、多くて3分の2でしょう。残りの3分の1は挙手をしないで傍観しています。授業では許されるかもしれませんが、学級会は多数決で決めるため、総数が合わなければやり直しになります。ひどい場合は、3、4回繰り返しても総数が合わない、なんてことも私は経験してきました。また、手をあげているのかあげていないのか紛らわしいあげ方なども、タイムロスの要因になります。

よって、地味ですが、全員がビシッとどちらかに挙手する練習がまずは必要です。

質問は「りんごは好きか嫌いか」などの簡単なものでOKです。ただし、全員に素早く、まっすぐに手をあげることを意識させます。できなければやり直しです。はじめはやり直しが何度も必要になりますが、根気よく指導してください。

②過半数を決める練習

私は過半数の原理を採用しているので、実際の学級会では、過半数になるまで投票は何

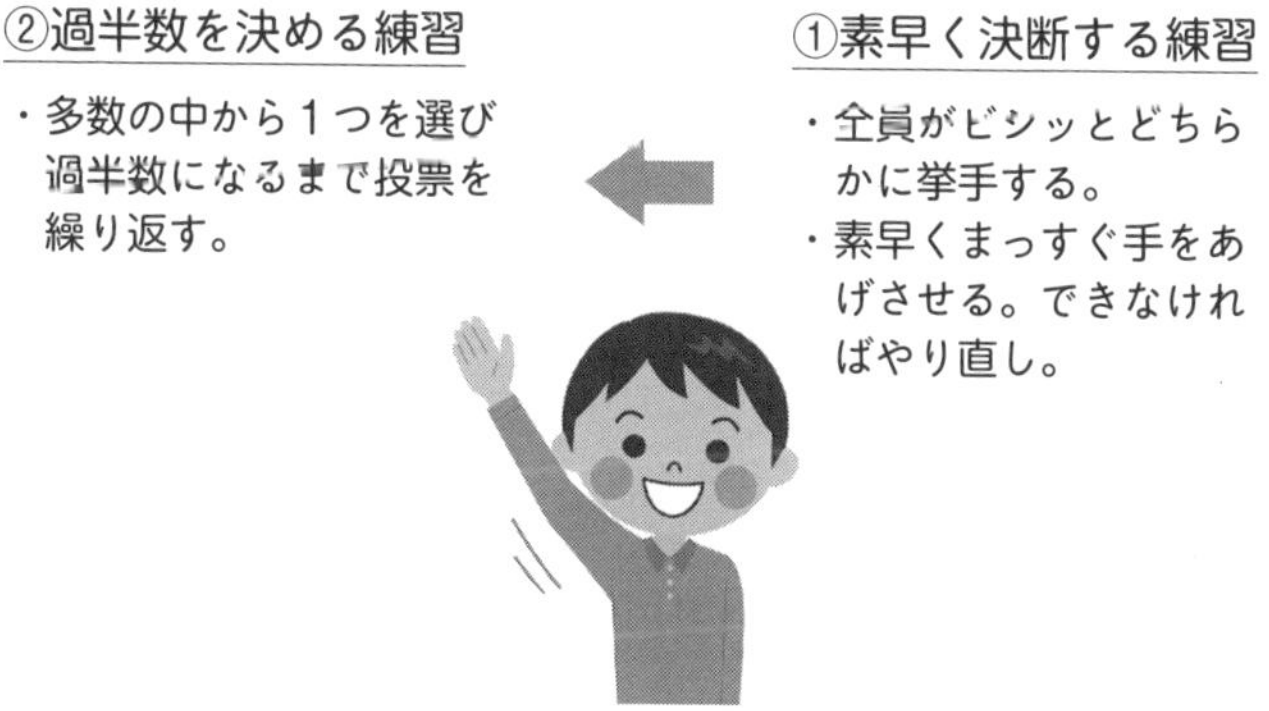
①素早く決断する練習
・全員がビシッとどちらかに挙手する。
・素早くまっすぐ手をあげさせる。できなければやり直し。
②過半数を決める練習
・多数の中から1つを選び過半数になるまで投票を繰り返す。

度も繰り返します。2つから決めるのであれば1回で済みますが、3つから選ぶとなると、場合によっては2回（一番数が少ない物を消す）必要になります。
時には5つから1つを選ぶ場合もあるので、多数の中から1つを選ぶ練習を何回かしておくとよいでしょう。

この練習に子どもたちは喜んで取り組むと思います。授業名人・野口芳宏先生がよく言われるように「このクラスはどっちを好きな人が多いと思う?」と事前の予想を聞いておくと、さらにワクワク感が高まります。2〜5の練習に飽きたら、随時息抜きで入れるのもよいと思います。

7　時間を確保する

1～6の練習を行うにあたって、一番のネックになるのは、実は時間の確保という問題です。

今の学校はとにかく忙しいです。1～6を読んでいて、「こんな練習をしている時間はない！」と感じた先生が多いのではないかと思います。

ですが、学校はどうしてそんなに忙しいのでしょう。

忙しくしている犯人はだれでしょうか。

それを考えないと、いつになっても忙しさは改善しません。

少し手厳しい指摘かもしれませんが、はっきり書くと、学校を忙しくしている犯人は、学校自身です。

学校のカリキュラムを究極にスリム化すれば、本来は授業と休み時間（給食を含む）を確保するだけでよいのです。

そこに朝の読書や朝学習、朝の歌、1分間スピーチ、いいこと見つけ…などなどの様々な活動を設定しているのは学校自身です。これらをすべてやめ、授業と休み時間だけのミニマルな状態にすれば、15時には完全下校にできるでしょう。

けれども、そういうわけにもいかないから、学校の裁量で様々な活動や時間が設定されているわけです。

つまり、何が言いたいのかというと、**時間がないのなら、何か他の活動をやめて時間を生み出せばよい**ということです。

例えば、朝の時間に朝学習、朝の歌、スピーチなどを行っているのであれば、これらのすべて、またはいずれかをやめ、1～6の練習に時間を割り当てられないかを考えます。

このように、工夫次第で時間は生み出せます。

授業外の時間が学校教育計画でがんじがらめになっている（担任裁量が一切ない）場合でも、**国語や学級活動と関連がある内容なので、カリキュラムと関連づけて、授業のはじ**

めの5分程度を練習に当てることは可能でしょう。

これらの練習は、できれば毎日コツコツやり、習慣化してしまうのが一番です。全員発表が無理なら3分の1ずつでも構いません。**やる日とやらない日をつくってしまうと、筋トレやダイエットと同じで、結局はやらなくなってしまいます。**

第3章　学級会づくりの10のステップ

0　ぶれない「型」と「意志」をもつ

学級会指導には「型」があります。私はクラス会議という形式を採用しています。有名な実践なので、一度は耳にしたことがあるのではないでしょうか。

私がおすすめしたい本は『赤坂版「クラス会議」完全マニュアル　人とつながって生きる子どもを育てる』（赤坂真二、ほんの森出版）で、これから書く学級会のポイントの多くは、このクラス会議本から学びました。本書をよりよく理解していただくためにも、ぜひ手に取っていただきたい1冊です。

もちろん、本書を読むだけでも学級会の指導は可能です。しかし、私がそうであるように、教育技術・文化はただその人だけのものではなく、連綿と続いてきた先人たちからのバトンなのです。それを理解したうえで、**幅広く指導の「型」を調べ、自分のものにしていく必要がある**ことを先に述べておきます。具体的には、学校にある学級会マニュアル、職場の先生方との交流、インターネット、研修会、本と「型」を知る機会はそこら中にあります。いろいろな「型」を試し、試行錯誤すると、この先ずっと使える武器（型）を手に入れることができます。このような、ぶれない「型」をもつという意識が、自分の実践を何倍にも高めてくれます。

もう1つ大切なのが、明確な「意志」をもつことです。学級会を始めるようになってから、私のクラスが大きく変わったのは先述の通りです。横のつながりが強くなり、子どもたちが自主的にイベントを開いたり、各種の行事を仕切ったりするようになり、6年生にもなると、驚くほど何も手出しする必要がなくなります。

けれども、これは結果に過ぎません。結果第一主義で実践してしまうと挫折します。なぜなら、学級会の指導は成果が出るまでに時間がかかるからです。私の場合は、学級会が軌道に乗るまでに1学期が終わり、2学期の後半に「やっててよかったな」と実感できるレベルです。極端にいうと、**「たとえ結果は出なくても続ける」くらいの明確な「意志」がないと続けられません。**まずは、学級会を実践する理由と、ゆるぎない「意志」をもつことから始めてください。

1　進行表や司会文をつくる

学級会には進行表が必要です。私はA3サイズに印刷し、ラミネートして毎回黒板に貼っています。視覚化すると子どもたちも分かりやすくなります。

学級会進行表

①あいさつ
②アイスブレイク
③議題の提案
④議題に対しての感想

⑤相談タイム（2分）
⑥意見出し
⑦相談タイム（2分）
⑧深める話し合い

⑨多数決
⑩決まったことの発表
⑪提案者の感想
⑫先生の話
⑬あいさつ

※①～④が提案
　⑤～⑧が議論
　⑨～⑬が決議

これは、私のクラスの進行表です。

進行表をつくって実践するとわかるのですが、実際にやってみると、進行表の通りに進みません。私も、この進行表はバージョン5くらいであり、これからも変わるでしょう。

大切なのは、**内容をすべて視覚化して、必要なことと不必要なことを精査する**ことです。視覚化しないと、良し悪しもわからないまま、ダラダラと同じ流れで続けてしまいます。黒板に大きく貼って明示するのがポイントです。

また、学級会は段取りを全員が共有しないとうまくいきません。大人の会議でもホワイトボードに進行を書きますが、先が見えないと不安ですし、司会者の負担が増えます。

なお、進行表をつくる際、**全体をいくつかのブロックで分ける**とうまくいきます。提案・議論・決議のように、大まかな枠組みで学級会を分けてから、それぞれを細分化していくとよいでしょう。そして一度行ってみて、大雑把な部分は細分化し、細分化し過ぎている部分は省略する、といった調節をしていきます。

司会文については、話し言葉で丁寧に書きましょう。学級会を想像しながら、自分で話すだろうことを全部書いてあげるとよいと思います。

⑧深める話し合い
の司会文

司会　出た意見に対して「賛成・反対・質問」はありますか。

(発表したら)

まずは（　　　　　　）に対しての意見だけ受けつけます。他に意見はありますか。

※賛成（反対）が一方的な場合は、次の意見に行く。

※議論になりそうな意見が出た場合は、なるべくそれに関する意見だけを言うよう促す。ただし、水かけ論になっている場合は、区切りをつける。

※区切りをつけたときに発言できない人がいる場合は、賛成・反対だけは聞き、黒板に書く。

※選択肢が増えて複雑になった場合は、一度多数決を取って絞る。

司会　この意見に対する意見はここで終わりにします。他の意見に対して意見はありますか。

これは私のクラスの司会文の一部ですが、せりふ調で書かれているのがわかるかと思います。

はじめは、なるべく文章の通りにしゃべらせるようにします。**子どもたちが自由に話し合えるようになるために、まずは学級会の「型」を定着させていく必要があるから**です。司会者として話す方も、それを聞く方も、「型」が身につくことで行為が安定し、最終的に自由度を上げられるようになります。

身につくまでに数か月はかかります。慣れてきたら、司会者なりのアレンジを加えることを許可してあげるとよいと思います。

また私は、はじめのうちは司会者・黒板・書記を固定してしまいます。希望制ですが、「責任をもってやれる人限定」と念を押します。**学級会は司会者が一番重要なので、まずは司会者を固定し、熟練させることで、学級会定着へのブレイクスルーをねらいます。**

なお、私の司会文には「※」で「〇〇な場合は、〇〇する」というメモがついています。このようにして、困ったとき、予定通りに進まない場合の対処法をあらかじめ示しておくと、司会が教師を頼る場面が減り、より子どもたちの手で運営される学級会になっていきます。

2 アイスブレイクを行う

クラス会議では、はじめに「最近うれしかったこと、友だちに感謝したいこと、友だちをほめたいこと」を発表し、安心感を共有します。

なぜ学級会の貴重な時間を割いて、コンプリメントを交換するのでしょうか。

それは、**雰囲気づくりが学級会成功の最大の決め手**だからです。

一人ひとりの参加者が、温かい雰囲気で、安心して発表できる気持ちをもてるように配慮するのは本当に大切ですから、学級会が軌道に乗ってからも、ぜひ忘れないでいてください。

ただ、私の場合、毎週学級会を開くので、毎回コンプリメントを交換するとマンネリ化してしまったり、発表に詰まったりすることが多かったため、学級会の前にアイスブレイクを行うようになりました（もちろんコンプリメントの交換をするときもあります）。

アイスブレイクは、文字通り氷を壊す、つまり初対面や会議などで相手との間や場の空気に壁があるときにそれを壊すために行います。子どもたちの緊張をほぐし、リラックスさせる活動だと思ってください。

インターネットで調べるだけでも、たくさんの実践例を手に入れられますが、私が行っている中でおすすめのものをいくつか紹介します。

①質問系

子ども同士で「好きな遊びは？」「好きな色は？」などの簡単な質問をし合います。

実態によっては、「1分で5人以上が目標です。よーい、スタート！」というようにゲーム性をもたせてもよいかもしれません。

時間に余裕があれば、インタビューで聞き取った内容を問題にして、別の人と問題を出し合うとさらに雰囲気が和みます。

②作業系

1人でできる、簡単な作業を設定します。

例えば「目をつぶり、1分経ったら目を開ける」「両手の指を合わせて、小指だけをグルグルと回して20回できたら立つ」など、ごく簡単なものがよいでしょう。意外な子が一番になったりして盛り上がります。

③ゲーム系

みんなでできる簡単なゲームです。

例えば「集まれゲーム（5つの中から好きなものを選んで、言葉を使わずに同じもの同士で集まる）」「かぶったらドボン（10個ののうち1つを選んで、だれともかぶらなかったら勝ち）」など、お互いを意識するゲームがよいと思います。

時間があるときは、クイズ形式も楽しいで

す。

例えば「私はだれでしょうクイズ（友だちを1人選び、スリーヒントでクイズにする）」は、すぐにできるうえ、お互いの理解が深まります。

以上、いくつか例をあげましたが、第一のポイントは**笑顔になること**です。笑顔や明るい笑いの効果はすばらしく、にこやかに始まった学級会が失敗した経験は一度もないといってよいくらいです。

第二のポイントは**短時間でできること**です。アイスブレイクは、学級会をよい雰囲気で始めるのが目的です。時間との兼ね合いを意識して、学級会そのものを圧迫しないようにしてください。

例えば「がんばろう！」と言って近くの人とハイタッチをするなど、もっと短時間でできるアイスブレイクもあります。もっと時間がないときは、始まりの「お願いします」で全員に割れんばかりの拍手をさせるのでも場の空気はほぐれます。

3　はじめは教師主導で行う

低学年で学級会をするときは、はじめは先生が司会をすると思いますが、それと同じように、どの学年でもまずは先生が司会をすることをおすすめします。

特に高学年では、はじめての学級会にもかかわらず、司会・黒板・書記を決め、本格的に学級会を始めようとしてしまいます。しかし、**前年度の積み上げがない場合、全体・司会・黒板・書記の４つを同時にコントロールしなければならず、先生もキャパオーバーになってしまいます。**司会を先生が務めることで、この負担は大幅に減らせます。

また、司会をする際は「先生らしい上手な司会」をしてはいけません。これから子どもたちが使う司会文を同様に使い、子どもたちと同じように司会をします。子どもたちにも事前に「みんながこれからやっていくのと同じように司会をするから覚えてね」と説明しておきます。**自分がつくった司会文を実際に使うと、司会文の不備や不足が明確になり、一石二鳥**です。

さらに、教師の司会は3〜5回は続けます。

学級会では、司会文のメモ（※の部分）にはないトラブルが続出します。例えば「1つの提案に意見が集中して長引く」「賛成・反対が堂々巡りになる」「意見が多過ぎて絞るのが難しい」「似たような意見を合わせる必要がある」などなど、その場で対応しないといけない、司会者の力量が試される場面が数多く出てきます。

そうしたときに、ただ対処するだけでなく、「自分たちが司会をするときのために、先生のやり方を覚えておいてね」と伝えます。**必要があれば、司会文にメモ（※の部分）として残しておくとよい**でしょう。

以下に司会文の全文を載せておきますので、学校に司会文のフォーマットがない場合は、ぜひ参考にしてください。

⑧深める話し合い

出た意見に対して「賛成・反対・質問」はありますか。

（発表したら）まずは（　　　　　　）に対しての意見だけ受けつけます。

他に意見はありますか。

※賛成（反対）が一方的な場合は、次の意見に行く。

※議論になりそうな意見が出た場合は、なるべくそれに関する意見だけを言うよう促す。ただし、水かけ論になっている場合は、区切りをつける。

※区切りをつけたときに発言できない人がいる場合は、賛成・反対だけは聞き、黒板に書く。

※選択肢が増えて複雑になった場合は、一度多数決を取り絞る。

この意見に対する意見はここで終わりにします。他の意見に対して意見はありますか。

※最後に「まとめた方がいい意見」「新しいアイデア」がないか聞く。新しいアイデアについては時間があれば「賛成・反対・質問」を受けつける。

〈大きく意見が割れた場合〉

※賛成意見から最も大事な意見を１つ、反対意見から最も大事な意見を１つ、多数決で選ばせる。選んだ意見に対してさらにアイデアがないか、折り合いがつけられないか意見を聞く。難しいので相談タイムを取ったり先生に助言を求めたりしてもOK。

⑨多数決

出た意見の中で賛成の意見に１回手をあげてください。

※１回で過半数に至らない場合は、少数意見を削り再投票を繰り返す。

⑩決まったことの発表

今日決まったことを発表します。（　　　　　　）です。

⑪提案者の感想

提案者の（　　）さん、感想をお願いします。納得していない部分がある場合は、それも話してください。

（発言する）ありがとうございました。

⑫先生の話

先生お願いします。

（先生話す）ありがとうございました。

⑬あいさつ

これで学級会を終わりにします。起立。礼。

①あいさつ
これから学級会を始めます。起立。礼。
今回の司会を務める（　　）です。よろしくお願いします。

②アイスブレイク
「うれしかったこと・感謝したいこと・ほめたいこと」発表です。
（　　）さんから順番に発表してください。
※アイスブレイクを行うときは「先生お願いします」。事前に先生と決めておく。

③議題の提案
今日の提案は（　　）さんです。議題内容と提案理由を発表してください。
（発表する）
ありがとうございました。

④議題に対しての感想
議題に対して「自分の思ったこと、考えたこと」、同じような経験をした人は「自分の経験やそのときの気持ち」などを発表してください。言いたくない人は「パスします」と言ってください。
※なかなか言い出せない人は、最後に言ってもらうようにする。
（発表する）

議題を提案した（　　）さんに聞きます。この議題を解決するためにクラスでルールをつくった方がいいですか。それとも話し合いのみでいいですか。
※ルールをつくる場合は、ルールをつくっていいか多数決を取る。否決の場合は話し合いとする。

⑤相談タイム（2分目安）
○分間の相談タイムを取ります。ただ話し合うだけでなく、一人ひとりが意見をもてるように、しっかり話し合ってください。
※ルールを決める話し合いの場合は、ルールだけではなく、その理由も発表してもらうことを伝える。

⑥意見出し
まずはアイデアを集めます。賛成・反対はせずに、意見だけを言ってください。

⑦相談タイム（2分目安）
○分間の相談タイムを取ります。出た意見に関して賛成意見だけでなく、反対意見や質問など新しい視点で意見が言えないか話し合ってください。

4 話し合いに必要性をもたせる

学級会は、「お客さん問題」に悩まされます。算数の授業なら、問題を解かないと終わりません。ですから、大半の子は問題に取り組みます。ところが学級会は、ただ座っているだけでも時間が過ぎれば終わります。いわゆる「お客さん」になってしまう子が多いのです。

特に、**「悩み事の相談・解決」といった議題は、自分に関係しない場合が多く、大半の子がお客さん状態になってしまいます。**

お客さん状態を解消するためには、いかに必要性をもたせるかがポイントになります。

①ルールを導入する

シンプルですが「1人1回は発表しよう」などのルールを導入します。「学級会は自主的な営みなのに、発言を強制してもいいものだろうか」と思うかもしれませんが、ある程度の緊張感は必要です。

最後の1人まで追い込む必要はありませんが、はじめのうちはきちんと発言できているか適宜発言回数をチェックし、ルールを守るような声かけが必要です。

②共感させる

例えば「授業中にグループの人がおしゃべりをしていて集中できない」という議題を話し合ったとします。

普通なら議題を説明して話し合いがスタートしますが、その前に「その議題に対して思うこと・考えたこと」「自分の経験やそのときの気持ち」などを全員発表します（できない場合は「パスします」と言わせます）。

すると「自分のグループも理科の実験のとき、むだ話が多くて進まなかった」「クラス全体が騒がしいから必要な話し合いだと思う」などと意見がたくさん出てきます。

このように、議題に対する共感を引き出してから話し合いをスタートすることで、議題を自分事として捉えさせます。

また「運動会の目標」のような、クラス全体に関わる議題に対しても「どのような運動会にしたいのか」「去年の運動会を振り返ると」といった一人ひとりの「思うこと・考えたこと」を発表させてから話し合うと、共感が増し、議論がより深まります。

なお、全員発表するのでテンポよく発言させるのがポイントです。

③議題を選択させる

学級会の議題は大まかに「先生が話し合わせたいこと（学級目標や運動会の目標など）」と「子どもたちの提案（議題箱への投書）」の2パターンです。

また、その日に話し合いたい議題が複数存在することもあります。余裕があるときは、複数ある候補から話し合いたい内容を多数決で決めるのも1つの方法です。

多数決で決めることにより、過半数の子たちに「自分たちで選んだ議題だからしっかり話し合おう」という意識をもたせられます。

なお、議題が1つしかない場合も「これについて話し合うべきだと思う人？」と個人の考えを表出させるとよいと思います（その場合は、議題提案者が傷つかないように最大限の配慮が必要です）。ここで全員「話し合うべき」に手はあがらないと思いますし、（議題内容によりますが）あがってしまうクラスはむしろやや危険と言えます。必要と感じない子がいるのは当然で、「自分は必要としていない」と意思表示をさせるのが目的です。

手をあげなかった子たちに対して、以下のように率直な思いを伝えます。

「必要と感じない議題があるのは当然です。でも、そういう場合でもクラスのために一生懸命話し合ってくれたらうれしいです。自分とは関係ないことに親身になれる人が多いクラスは、よいクラスになるからです。また、議題を提案したとき、自分と関係なくてもみんなが一生懸命話し合ってくれたらうれしいですよね。先生はそういうクラスであってほしいと思っています」

手をあげなかった子たちは、「やらなきゃいけないから参加している」と感じているはずなので、少しでも「自分には関係ないかもしれないけど、クラスの人のためにひと肌脱ごう（協力しよう）」という意識をもってくれたらうれしいものです。

ここまで3つの手立てをあげましたが、**一番大切なのは教師の思いを伝えること**です。「なぜお客さんになってはいけないのか」「なぜお客さんにならないでほしいのか」「どのような学級会を目指し、何を理想としているのか」など、子ども扱いしないで、本気の思いを伝えましょう。それが一番大事です。

5　それぞれの意見をかみ合わせる

ある学級がお楽しみ会の内容を話し合っています。

「ドッジボールに反対です。ドッジボールは昼休みもやっているので、お楽しみ会でやらなくていいと思います」

「私は鬼ごっこに反対です。お楽しみ会中に校庭で体育をやるクラスもあるので危ないと思います」

「私はバドミントンに賛成です。お楽しみ会は普段できない遊びをした方がいいし、家からラケットを持って来ればいいと思います」

ごくごく普通の学級会の様子ですが、いかがでしょうか。ここまでお読みの方はピンときたかと思いますが、これでは議論になりません。

議論をするためには、2番目の子は、「昼休みもやっているのでつまらない」という意見に対して発言するか、少なくともドッジボールについて意見を出すべきでしょう。ここでは、ドッジボールに反対意見が出たのに、話が鬼ごっこに飛んでしまっています。悪く言えば、**全員好き勝手に発言しているに過ぎず、議論を深めようという意識がありません。**

そこで、意見が出そろって「深める」段階（1で示した進行表の「⑧深める話し合い」の段階）では、一つひとつ意見を取り上げていきます。

例えば、ここでは「ドッジボールに反対」という意見が出たので、ここではドッジボールに関する意見のみ発表させます。ドッジボールに関して十分に議論したら、ドッジボール以外に意見のある人を募ります。次に、鬼ごっこに対して意見が出たら、次は鬼ごっこに関する意見のみ発表させます。

このように、ひと通り1つに対する意見が出そろったら次、というように、議論していきます。

では、意見が出そろったかどうかは、どのように判断したらよいのでしょうか。

私は、次の2点を意識しています。

①5人以上発表しても賛成（反対）ばかり意見が出る
②賛成・反対で議論は続いているが、水かけ論になっている

このようなときは、「他の意見に対して発表したい人はいますか？」と尋ね、次の意見の発表者を募ります。時間にゆとりがあるときは、次の意見を募る前に「最後に質問したい人、この意見に対して新しいアイデア（提案）がある人はいますか？」と聞くとよいでしょう。ここでたくさん意見が出る場合は、多少延長してもいいかもしれません。

なお、教師主導で司会をしているときに、この2つを子どもたちに伝えておくと、子どもたちが司会をするときに役立ちます。

慣れるまでは時間がかかります。しかし、続けると「好き放題発言している」状態から「議論をする」という状態に少しずつシフトしていけるでしょう。

また、そもそも時間制限があるので、発言者が多いと発表できない子が出てきます。そのときは「どの意見に賛成・反対か」だけは最低限聞き、板書しておきます。

この方法で話し合うと、意見が多いものは長く議論され、意見が少ないものは淘汰されます。クラスがどの意見を重視しているのかがはっきりします。そこで、多数決のときは、意見が集中しているものを中心に選ばせます。すると、議題決定までの流れがスムーズになります。

もちろん、多数決時はどこに投票してもよいのですが、**議論をしているにもかかわらず、まったく意見が出なかったものに挙手が集中するのは不自然**です。そうなってしまったら、もう一度議論をする意味を説く必要があります。議論の場なのだから、最低限自分が投票したい意見には発言するのがマナーであり、だれも意見が出ないようなものに手をあげるのは議論をないがしろにしている、とはっきり伝えてもよいと思います。

最後に板書ですが、板書はあらかじめ一つひとつの意見に間を取り、新しいアイデアが出た場合はつけ足していきます。意見の下には「賛成・反対」を色別に正の字でカウントします。

6　議論の落としどころをはっきりさせる

学級会では意見が大きく割れることがあります。

たいていの議論は、そのまま最後の多数決にもち込んでも大丈夫です。議論を参考にして票を投じれば問題ありません。

しかし、次のような場面はどうでしょうか。

■ドッジボールに賛成

みんな好きだから　3
ボールを増やせばみんな楽しめるから　9
柔らかいボールを使えばケガをしないから　5
後ろからねらわないようにすればいいから　3

■ドッジボールに反対

同じ人ばかりボールを投げるから　5
外野に回るとヒマになってしまうから　8
コートのラインを守らない人がいるから　3
何回もやっていてつまらないから　6

これほど大きく意見が割れていると、このまま多数決で決めてしまっては問題になります。

そこで、折り合いをつける必要があります。

折り合いは、学級会において重要な部分なのでよくご存じだと思います。ただ、**この折り合いを教師の感覚でやってしまいがちなのが注意点**です。

学級会は子どもたちの自治組織なので、できれば折り合いをつけることも、子どもたちの手でできたらいいなと考えています。

そのためには、ある程度のフレームが必要です。

まず「賛成意見の中で、どの意見が大切だと思いますか？」と尋ね、手をあげさせます。

ここでは「ボールを増やせばみんなが楽しめるから」が多かったとします。

次に「この意見をどのようにしたらもっとよくなる（反対の人も納得する）と思いますか？　アイデアや意見がありますか？」と聞きます。

すると「女子専用ボールを用意した方がいい」「ボールを増やしてもいいが、柔らかいものにしてほしい」といった意見が出ます。

出た意見をまとめ（まとめ方は次項参照）、ドッジボールに決まった場合は、それを採用すると伝えます。

これと同じことを反対意見でもやります。

挙手の結果「外野に回るとヒマになってしまうから」に意見が集中したら、これもアイデアや意見を募ります。

ここでは「外野に回っても○分で復活できる」「女子は1回目はセーフにする」「王様を決めて、その人が当たれば外野は全員復活できる」などのアイデアが出るので、それらをまとめ、ドッジボールに決まった場合はそれを採用すると伝えます。

賛成意見の中で最も支持されている意見、反対意見の中で最も支持されている意見をそれぞれ１つずつ取り上げ、折り合いをつけさせていくわけです。

このようにある程度システム化すると、子どもたちが自分たちの手で折り合いをつけられるようになっていきます。

ただし、折り合いのつけ方はこの限りではありません。

これはあくまで「極力自分たちの手で学級会を運営させたい」という私の理想に基づいた、私なりの方法です。この方法を絶対視し、固執してしまうと、かえって議論が硬直化してしまいます。**折り合いのつけ方は様々であり、その方法を模索するのも学級会の一環**であることは言うまでもありません。

また、特に低学年においては、折り合いの部分は教師がリードした方がうまくいく場合が多いと思います。学級の実態に合わせて実践してください。

7　こまめに多数決を取る

学級会では、意見が大きく割れる他に、意見が多過ぎて決められない問題もよく起こります。

例えば、先ほどのドッジボールの意見では、

「外野に回っても○分で復活できる」

「女子は1回目はセーフにする」

「王様を決めて、その人が当たれば外野は全員復活できる」

と3つアイデアが出ました。

これらをどう捌けばよいのでしょうか。

また「ボールを増やす」に関しても、「2つ」「3つ」「4つ」と意見が出たらどうすればよいのでしょうか。

学級会は、議論が活発になればなるほど意見の数が増えます。

多数決で決めるのは学級会の最後のパートですが、この多種多様な意見を最後の多数決でまとめ上げるのは無理があります。

数々の意見を放置したまま話し合いを進めると、モヤモヤ感が溜まります。モヤモヤしたまま議論が進んだうえ、最後の多数決で枝葉の意見はバッサリ切り落とされてしまう。これでは、子どもたちが「学級会で意見を言ってもむだだ」と感じてしまっても致し方ありません。

ですから私は、**議論の途中にこまめに多数決を入れさせます。**

「ボールは2つか、3つか、4つか」
「体育館でやるか、校庭でやるか」
「復活タイムは10分か、15分か、20分か」

このように、細かい部分であっても、きりのよいところで多数決を取り、少数の意見も必ず結果に反映されるよう意識しています。

すると、多数決をたくさん取る必要が出てくるため、前章で述べた多数決の練習は必須になってきます。**集団で即決できる（協力できる）環境でないと、小さな意見も必ず取り上げるといった理想は実現できません。**

私の場合は、1回の学級会で多いときで10回以上多数決を取ります。

「多数決を取ります。Aに賛成の人？」

パッ（挙手）

「数えます。10人です」

「Bに賛成の人？」

パッ（挙手）

「数えます。9人です」

これぐらいのテンポでやるのが理想です。

・細かい部分であっても、きりのよいところで多数決を取り、少数の意見も必ず結果に反映されるようにする。

・横槍、ざわつきが出ないように、テンポよく進める。

多数決の結果にいちいち「えー！」とか「もう一度言って！」といった横槍が入ったり、ざわついたり、総数が合わずに数え直しになったりしては、時間が足りなくなります。そこで、前ページのやりとりのイメージ通りにできるように、集中して学級会に参加するように促します。

なお、多数決を取るタイミングは適宜なので、司会の子どもたちが迷うことが予想されます。基本的に多数決を取るかどうかは子どもたち（司会者やまわりの判断）に任せてよいと思いますが、多数決を取ってほしいときに教師が手をあげて合図を送る、などの約束事を決めておいてもよいかもしれません。

8 「先生の話」で話し合い方を評価する

学級会の最後には「先生の話」があります。

例えば、お楽しみ会の遊びを決める話し合いで、無事にドッジボールをすることに決まったとします。

あなたは、最後の「先生の話」で何を話すでしょうか。

①無事にドッジボールに決まってよかった。
②反対意見が出ても和やかな雰囲気で進められていた。
③挙手がとても多くて感心した。
④司会の手際がとてもよかった。
⑤本番のお楽しみ会も期待している。

いずれもよい内容だと思います。

ただ、不足していることがあります。

それは**「具体性」**です。

例えば、「このクラスは親切な人が多くてうれしいです」と言うのも十分よいのですが、「給食のとき、Aさんがこぼれた汁物をさりげなく拭いていました。BさんもCさんも落ちていたものを拾っていましたし、きっと他にも親切にしている人はたくさんいると思います。すばらしいクラスです」と言えば、子どもたちはより納得すると思います。

これと同じように、①～⑤も具体的なワードを交えて、次のように評価するとよいでしょう。

①賛成意見と反対意見が同じぐらいだったのですが、お互いに○○と△△という意見を新しいアイデアに変え、より納得した状態で多数決ができました。
②反対意見が出たとき、発表した○○さんの出だしの言い方が柔らかく、それを聞いたまわりの人もうなずきながら聞いていました。
③ドッジボールの意見に折り合いをつけるときに、なかなか新しいアイデアを提案するの

は難しかったと思います。でも5人も挙手をして立派でした。

④ドッジボールのボールの個数で意見が対立しているときに、さっと多数決を取る決断をした司会の手際のよさがすばらしかったです。

⑤全員が納得した形ではありませんが、折り合いをつける際に○人発表しました。お互いに協力できる人が多いクラスは、お楽しみ会も成功すると思います。期待しています。

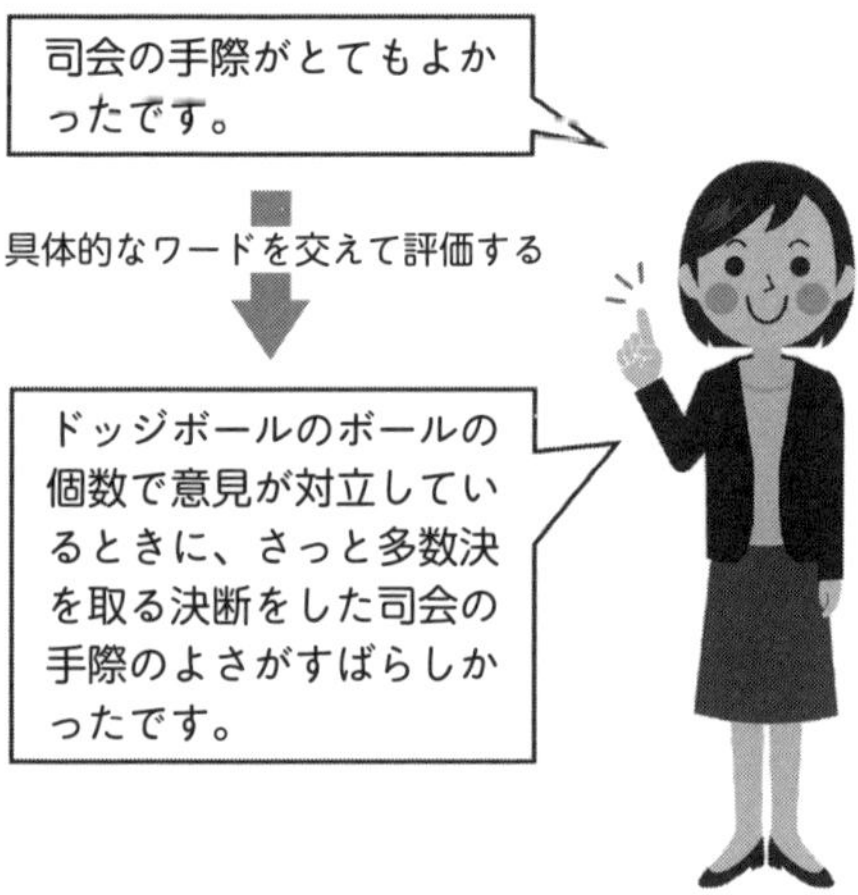
司会の手際がとてもよかったです。
具体的なワードを交えて評価する
ドッジボールのボールの個数で意見が対立しているときに、さっと多数決を取る決断をした司会の手際のよさがすばらしかったです。

さらに**「話し合い方」**を評価できると最高です。

学級会は議論がメインなので、やはり「この人の、このときの、この発言がよかった」と具体的に評価できると、今後の話し合いの役に立ちます。

例えば、

「Aさんは、ドッジボールの『苦手な人が多い』という意見に対し、単に反対するだけでなく『苦手な人は何を嫌だと感じているのか一つひとつ分析して、本番で楽しめるように対策を練った方がいいと思います』という提案をしていました。また『分析』『対策』という言葉が的確で伝わりやすかったです。言い方も柔らかく、とても和やかでした」

とほめ、

「皆さんも意見が対立して堂々巡りになった時は、新しい視点から提案したり、譲歩したりすると、建設的に議論ができますね」

と全体に対しても「こういうときはこうするとよい」という具体的な指針を示します。

これによって「こういうときはこうすればよい」という選択肢が全体に浸透し、さらに柔軟な議論ができるようになります。

なお、具体的にほめるためにはメモが欠かせません。**子どもたち主体で学級会が運営できるようになったら、積極的に話し合いの記録を取るようにしましょう。**

9 議題提出のルールを提示する

今はあまり見かけなくなりましたが、ひと昔前は多くの学級に「議題箱」がありました。20代のころ、各クラスで使っていた議題箱が古くなったので、新しいものを各クラスに配付するという事務仕事をやった経験があります。

議題箱は手づくりのものでも、百均で買えるかわいいふたつきのごみ箱でも、なんでもよいと思います。経験上、半透明のものを使うとどのぐらい投書があるか外からひと目でわかるので便利です。

議題の提案書はフォーマットをつくります。簡単なもので大丈夫ですが、最低限**「名前」「話し合いたいテーマ」「その理由」**は入れます。

また、子どもたちには必ずすべての欄を埋めさせます。1つでも未記入の欄がある場合は無効になることを念押しして伝えます。

また、すべて記入があっても、雑なもの、不備不足があるものは丁寧に書くよう指導した方がよいでしょう。例えば「議題：授業に集中できない　理由：うるさいから」では不十分で、理由は少なくとも「いつ・だれが・どのように・どんな状況だったか」を書くのが望ましいです（ただし「だれが」の部分では、個人名は出さずにAさん、Bさんのように匿名で書かせるようにします）。

議題箱には、基本的にネガティブ・ポジティブ関係なく、どんなことでも投書してよいのですが、**放置しておくとネガティブなものがどんどん増えてしまう**ので、「何かイベントを開きたい」「本棚をもっと使いやすくしたい」「係活動のアイデアを考えてほしい」などの前向きな意見も投書してほしいと伝えます。

なお、私のクラス会議では、「忘れ物が多くて困っている」「朝寝坊してしまうので、早く起きられるようにしたい」といった、クラスに関わらない個人的な悩みもＯＫとしています。学級会が軌道に乗ってきたら、このような「お悩み相談」を受けつけるのもよいと思います。

次に投書の具体的なルールです。

私は「学級会当日の投書は禁止」としています。というのも、私は「先生が話し合ってもらいたい議題がなく、みんなからの提案もない場合は学級会を見送る」と伝えているからです。すると、稀ですが、当日に投書がないのに気づいた数名が、慌てていいかげんな投書をする、という事態が起きるため、あらかじめ禁止にしています。

また、どれだけ投書があっても、1回の学級会で扱える議題は1つです（ただ、議題内容によっては早く話し合いが終わる場合があるので、2番目の議題候補は決めておいた方がよいでしょう）。

例えば、10の投書があった場合、9は話し合えないのですが、**話し合えないからといって、それらをキープするとどんどん数が膨れ上がってしまいます。**私はよほど重要なものでない限り、投書は1回の学級会ですべて破棄し、もし次の学級会で取り上げてほしい場合は、もう一度投書してほしいと伝えています。

子どもたちからの投書は、大人からすると、とても未熟に感じられます。

現に、若手の先生から「子どもたちからなかなかいい議題が集まらない」としばしば相談を受けます。

学級会をより充実させたい気持ちはわかるのですが、そこを教師がコントロールしてしまったら、それはもはや学級会とは呼べないでしょう。**話し合うべきかどうかは教師が決めるのではなく、あくまで子どもたち**です。

また、**たとえよい議題でなくても、とにかく話し合いをさせてみることが大切**です。議論が進まずに失敗したら、そこで感じたことや考えたことをリフレクションし、次につなげていけばよいのです。それが成長であり、失敗こそが学びです。

ただ、子どもたちにすべてを任せるのではなく、**学級会は教師が話し合わせたい議題＋子どもたちからの提案で進めていくと無理がありません。**

かく言う私も、ひと昔前は子どもたちからの提案にこだわっていた時期がありましたが、今はツーウェイで進めていくのが一番バランスがよいと思います。

10　提案実行委員会を組織する

例えば、学級会で次のように議決したとします。

・筆箱に入れていいペンは5本までとする（たくさん持って来るのはだめ）
・本棚を使いやすくするためにインデックス（見出しカード）をつける
・昼休みにドッジボール大会を開く

このように決まった場合、**だれが実行に移すのか、という問題**が出てきます。教師がコーディネートするのか、やりたい人、やってくれる人をその都度募るのか、なかなか悩ましい問題です。私も若いころは子どもたちに任せるという発想がなく、決まったことをすべて自分が実行していました。

ドッジボール大会を開くなどのポジティブな議決ならよいのですが、筆箱の中身を守る、などの場合は定期的にチェックすると子どもたちから反発されました。「みんなで話し合って決まったんだけどなぁ…」と複雑な気持ちになったのをよく覚えています。

中堅にもなると、さすがに私も「なんでも教師がお膳立てしてしまうのではなく、子どもたちに経験させた方がよい」ということに気づき、議決に対して「やりたい人、やってくれる人」を募集するようになりました。

しかし、子どもたちにやらせるのは思った以上に大変でした。

まず、だれがやるのかを決めるのに時間がかかり、それをどのようにやったらよいかを話し合う（または教える）のに時間がかかり、問題が起きた場合は軌道修正するのに時間がかかり…と、正直嫌になってしまった経験が少なくありません。

そこで、私はあるとき「クラスに実行委員をつくればいいんだ」と思いつきました。様々な議決を実行するクラス内組織、名づけて「提案実行委員会」です。

この**「組織をつくる」という発想の最大の利点は、回数を重ねるたびに経験値が積まれるという点**です。はじめはなかなかうまくいかないのですが、その都度やりたい人、やってくれる人を募るのとは違い、回を重ねるごとに確実に力をつけることができます。

ちなみに、司会や黒板、書記は今では輪番制ですが、当時はそのような学級会の仕事も実行委員にお願いしていました。当時の私は、学級会のコーディネートがうまくできず、司会者が毎回変わるごとに会の進行が滞るのに深刻に悩んでいたので、司会を固定することで、なんとかブレイクスルーができないか模索していたのです。

ただ、この方法には、**一定の子どもたちにしか経験を積ませてあげられないというデメリット**があります。できれば平等に経験してほしいので、今では司会、黒板、書記などは完全に輪番制です。さらに、今の私のクラスでは、この実行委員会を係の1つとして組み込むようにしています。これなら、**学期ごとに係が切り替わるので、それなりに多くの子どもたちが提案実行委員会に参加できます。**

現在のクラスでは「クラス係」という名前で実行委員会が組織されています。係活動なので、学級会の議決の他にも様々なイベントを開いたり、クラスのためになる活動を行ったりしています。

なお、これは高学年の担任が多い私の経験に基づいたものであり、低、中学年はまた別の工夫が必要かもしれません。ただ、教師がすべてをお膳立てするのではなく、議決の先のことも子どもたちの手で運営していけるのがよいと私は考えています。

第4章　学級会を成功に導く10のポイント

1 子どもたちに趣意説明をする

学級会指導に力を入れる先生は「学級会を子どもたちの手で運営してほしい」という気持ちが強いと思います。

すると、言いたいことをグッとこらえたり、成り行きを見守ったり、というように「後手」に回ることがどうしても多くなります。

「司会の発言にかなり間があるな…（でも、自分の力でやらせてみよう）」
「子どもたちの自由発言が多いな…（でも、だれかが注意するまで待とう）」
「この意見は取り上げてほしいな…（でも、話し合いを最後まで見守ろう）」

かく言う私も同じです。幾度となく経験してきました。

ポイントを押さえて口を出す　　ただ「後手」に回る

　しかし、私の経験に基づいて述べると、**学級会の初期段階で後手に回り過ぎると、あまり効果的ではなかった**ように思います。

　むしろ「はじめの10回は訓練！」と割りきって、あれこれ口を出した方が子どもたちもよくわかり、成長は早かったです。

　もちろん、口を出し過ぎて学級会の進行をハムのようにスライスするのは問題です。ただ、子どもたちは口を出され過ぎるのもストレスなのですが、**口を出され「なさ」過ぎてやきもきするのもストレス**なのです。中庸を見つけるとよいと思います。

　口を出すポイントはこれまでにも書きましたが、まとめると次の通りです。

①司会の進行が滞る、もしくは教師が「こうしてほしい」と思ったとき
②子どもたちの自由発言が多いとき
③取り上げてほしい意見が出たとき
④発言をよりよく修正したいとき
⑤意見が大きく割れるなど、想定外が起こったとき

その他、ほめたいときはその場でほめ、どうしても注意したいときはきちんとします。ただし、口を出し過ぎると妨げになるため、程よく行います。

しかしながら、こうした口出しも基本的には「後手」です。子どもたちがうまくやれるなら、口出しは極力少ない方がよいのです。つまり、**最も重視すべきは「会の始まり」**です。会の始まりに重点的に説明をします。終わりを意識する先生は多いのですが、始まりはさらっと流してしまう場合が案外多いように感じます。

ポイントは2点です。

①議題に対して

議題に対してどんな発言があってほしいか、どのような方向で話し合ってほしいか具体的に示します。例えば「1学期のお楽しみ会の内容」を話し合うなら、「思い出を振り返るイベントにしてほしい」「みんなが満足できるイベントにしてほしい」「係活動を生かしたイベントにしてほしい」などと方向性を伝え、必要なら遊びの例も示してしまいます。「それはもう答えなのでは？」と感じるかもしれませんが、初期指導ではこれぐらいの方が安心して話し合える場合が多いです。

②話し合い方に対して

前回の話し合いを踏まえ「こういう意見を言ってほしい」「このように進めてほしい」というポイントを示します。

例えば「反対意見を優しく言ってほしい」「なるべく意見がつながるように話し合ってほしい」というように、話し合い方にクローズアップしてアドバイスをします。

議題に対して助言をする先生は多いですが、話し合い方を取り上げる先生は少ないように思います。私は、結果ではなく過程を重視するので、どちらかというと②を重点的に話し、子どもたちの話し合いスキルの向上をねらいます。

2 相談タイムを多めに取る

学級会で最も重要なのは、子どもたちの発言量です。

発言が少ない学級会は、そもそも議論が成立しません。

まずは教師自身が、その事実に自覚的でないといけません。「こんな状態では学級会どころの話ではないのでは…」とまずは気づかないといけないのですが、多くの先生はその事実に無自覚です。

私も若いころは「どうして学級会がうまくいかないんだろう?」と悩んでいろいろな策を講じたのですが、結局はただ単にクラスの大部分がアクティブではなかっただけの話でした。

具体的には、はじめに意見を募ったとき、クラスの何人が挙手するでしょうか。

だれも手をあげず、「意見がある人はいますか?」とはじめから促すようでは、とても学級会は無理です。

4、5人程度でも成立しません。はじめにアイデアを募る際に意見を言いたい人がその程度では、正直「お集まり」で十分です。

30人学級であれば、最低でも10人以上は「意見を言いたい」状態でないと、活発な議論は望めません(念を押しますが、これははじめに意見を募るときです。賛成・反対などの議論に突入したらその限りではありません)。

では、どのようにしてアクティブな状態にもっていけばいいのでしょうか。

これは私の経験による結論ですが、

「相談タイムを多めに取る」

これが一番シンプルかつ効果的でした。

私の学級会は、はじめに相談タイムを入れているのですが(前章の学級会進行表参照)、そこで必ず自分の意見をもつように伝えます。**はじめは友だちと同じでもよいので、必ず手をあげられるよう、意見をもたなければならないことを強調します。**

ここでしっかり強調しておかないと、ただの雑談タイムになってしまうので注意が必要です。友だちの意見と同じでよいのであれば、全員クリアできます。

それでも意見を募ったときに挙手が少なければ、やり直しをさせます。ここがとても重要なポイントなので、心に留めておいてください。

多くの先生は、指示内容を子どもたちが守っていなくても、簡単にスルーしてしまいます。

もちろん、全員追い込む必要はありませんし、すべてを守らせるのは骨が折れます。しかし、大多数ができるまで厳しくやり直させることが重要です。それではじめて「教師の本気」が伝わります。

その際、厳しく叱責する必要はありません。趣意説明をし、粛々とやり直せばよいのです。教師の本気が伝われば、子どもたちは必ず答えてくれます。

学級会のはじめだけでなく、議論が停滞したら「必ず意見がもてるように相談すること」を強調して、多めに相談タイムを入れましょう。意見を言う習慣がない学級では、進

・はじめは友だちと同じでもよいので、必ず手をあげられるよう、意見をもたなければならないことを強調する。

・それでも意見を募ったときに挙手が少なければやり直しをさせる。

・朝の会などで学級会の議題を伝え、朝の会の中で相談タイムを設定するのもよい。

行表の他に、5、6回相談タイムを入れてもよいと思います。

とにかく、発言量が少なく、アクティブでない状態でいくら学級会をしても時間のむだです。厳しい言い方ですが、それくらいの自覚が必要だと思います。

もしその場で考えるのが苦手であれば、**朝の会などで学級会の議題を伝え、朝の会の中で相談タイムを設定するのもよい**と思います。

「朝の会の相談タイムで決まらなかった人は、学級会までに必ず意見が言えるよう考えておいてね」と伝えれば、子どもたちのプレッシャーもいくらか軽減されるでしょう。

3　無理に終わらせない

前項の「相談タイムを多めに入れる」を読んで、「それでは、時間内に学級会が終わらないのでは？」と感じられた先生も多いのではないかと思います。

ここは発想を変えてみましょう。

そもそも学級会を終わらせる必要はありません。

教科の授業は、ある程度予備時数があるものの、基本的には強制的に先に進まなければなりません。

ですが、学級会には「学習指導要領で定められているから、お楽しみ会の話し合いを必ず終わらせなくてはならない」といった縛りはありません。

学級会が終わらなかったら、無理に終わらせなくてよいと私は思います。

無理に終わらせると、必ず歪みが生まれます。それがクラスの雰囲気を悪くしたり、個人間のトラブルのもとになったりします。それにより、学級会や教師へ不信感を抱く子も少なくありません。

もう一度繰り返しますが、発想を変えましょう。

初期指導のポイントは、学級会を終わらせることではなく、子どもたちに学級会のスキルを身につけさせることです。

いいかげんな、やっつけの学級会を100回繰り返しても、スキルはほとんど身につきません。それよりも、時間がかかってもよいので、一つひとつ確実にスキルを身につけさせていく意識をもちましょう。

はじめの意見をもつところで10分かかってもよいのです。

子どもたちの意見がかみ合っていなかったら、時間をかけて丁寧に指導します。

多数決に時間がかかってチャイムが鳴ってしまったら、そこですっぱり切ってしまいましょう。

はじめは、先生も子どもたちも、終わらないことにヤキモキしたり、不安を感じたりす

最後まで終わらせないと…
はじめの数回は初期投資！

・やっつけでは学級会のスキルは身につかない。

・持ち越すと、子どもが学級会嫌いになる。

・学級会を終わらせるのもクラスの責任と伝え、時間のマネジメント意識を培う。

・失敗の経験も大切。

るかもしれませんが、スキルを身につけさせる意識をもてば、このような状態が10回も続くことはないでしょう。高学年なら3回程度でちゃんと終わらせられるようになります。はじめの数回は初期投資だと割りきりましょう。

また、**終わらないからといって、学級会を持ち越すのはNG**です。休み時間、果ては次の授業時間まで突入してしまうのは最悪です。それでは多くの子どもたちが学級会を嫌いになってしまいます。

次回に持ち越すのもやめた方がよいです。1時間に1議題が基本であり、もし話し足りない場合は、また議題箱に同じ議題を投書するように促します。

子どもたちが慣れてきたら、学級会を終わらせるのもクラスの責任であると伝えるとよいと思います。そうして時間のマネジメント意識をもたせます。

私の勤務校では、月に1回＋不定期で代表委員会が開かれます。校内からタブレットで募集したアンケートから議題を選出するのですが、内容によっては話し合いが終わらないこともあります。各クラスから代表委員会に出席する（したい）子たちが集まるので議論が活発なのですが、言いたいことを言う分、終わらせるという意識がありません。

チャイムが鳴り、

「今日の議題は学校ドッジボール大会の計画でしたが、話し合いがまとまらなかったので実行できませんね。代表委員会で集まるほどの人たちですから、当然『話し合いをまとめる』のもみんなの仕事の1つです」

と伝えると、皆目を丸くするのですが、次回からはきっちり話し合いをまとめられるようになります。

このように、**子どもたちにあえて失敗をさせ、自覚をもたせることも大切**だと思います。

4　ディベートを取り入れてみる

先に、「学級会で最も重要なのは子どもたちの発言量」と書きましたが、発言量がガクッと減るのが「練り合い（議論）」の場面です。**はじめの意見をもつのとは違い、相手の発言に対して論理的に意見を返す必要があるから**です。この場合は「友だちと同じでもいいから、必ず全員意見をもちなさい」などと強制はできません。アイデアがたくさん出ても、議論がなかなか盛り上がらない、かみ合わない。この悩みは、私自身も本書を書いている今でも抱えています。

いろいろな方法を試した結果、結局、

「論理的に意見をかみ合わせる経験を積ませなくてはだめ」

というのが私の結論です。

工夫1つで乗り越えられるような魔法は存在せず、練習・経験あるのみです。

私は、議題のない日はなるべくディベート大会を開くと決めています。お題はできるだけ簡単に、かつ賛成・反対のパワーバランスが偏らないものにします（例えば、給食とお弁当はどちらがいいか、飼うなら猫か犬か、など）。

ディベートは、論理的に考える力をつけられるうえに、建設的に議論する力も身につけられます。

ディベートを開くうえでのポイントは、以下の2点です。

①相談タイムを多めに取る

②賛成・反対の人数をなるべくそろえる

ディベートは本音でなくてＯＫなので、ある意味自分の本音と逆の立場で参加をすると力がつきます。慣れてきたら、出席番号の偶数はＡチーム、奇数はＢチームなどとしてもよいでしょう。
机をチームごとに移動し、話し合いスタートです。
意識したいポイントは、以下の3つです。

①結論を出す必要はない（勝敗は決めない）
②論理的な（かみ合った）意見をその都度ほめる
③否定ばかりが議論ではない

まず、ディベートは答えのない議論です。論理的に議論する力をつけたり、ブラッシュアップしたりするのが目的であり、結論を出す必要はありません。そのことをきちんと子どもたちに説明します。はじめは特に「自分の正しさを相手に理解させること」に終始しがちなので、相手をむやみに説得する意味はないことを強調します。

次に、相手の意見をよく聞いて意見を返した（いわゆるかみ合った意見が出た）ときはその場でほめます。その場で短めに理由も説明します。議論を邪魔するのはよくないですが、そのときその場でほめる（評価する）ことで、子どもたちに力がついていきます。

①結論を出す必要はない

論理的に議論する力をつけたり、ブラッシュアップしたりするのが目的で、むやみに説得する意味はないことを伝える。

②論理的な意見をその都度ほめる

そのとき、その場でほめ、議論を邪魔しない程度に、短めに理由も説明する。

③否定ばかりが議論ではない

相手の気持ちを汲み取る、考えを受けて提案をするなど、1つ高い視座から意見が言えると議論が建設的になる。

最後に、ディベートは性質上、否定の応酬になることが少なくありません。相手の気持ちを汲み取る、考えを受けて提案をするなど、1つ高い視座から意見が言えると議論が建設的になります。

また、否定の応酬が続くと感情的になりやすいため、適宜クールダウンが必要です。

繰り返しになりますが、ディベートは練習に過ぎません。ディベートをするとクラスの雰囲気が悪くなったり、関係が険悪になったりする場合があります。練習と割り切り、子どもたちが楽しく続けられるように配慮しましょう。

5　相手に嫌な思いをさせない言い方を考える

クラス会議では、相手に嫌な思いをさせないことを重視します。コンプリメントを何よりも大切にするからです。

私も、**「言い方・話し方」は非常に重要**であると考えています。

かくいう私ですが、昔は「活発な議論が何より重要だ。だから、ある程度の言い合いは許容範囲」と考えていました。

ところが、あるお楽しみ会の話し合いをきっかけに、教室が修復不能なレベルで真っ二つになってしまったことがありました。その苦い経験から、今では「言い方・話し方」をかなり重視するようになりました。

時間があれば、次の２つはやるとよいでしょう。

①相手に嫌な思いをさせない言い方を考える
②実際の場面を想定し、話し方を考える

反対する時の言い方を具体的に話し合います。「頭から否定しない」「強い口調で言わない」などの意見が出たら、特に気をつけたいことを多数決で決め、必要に応じてクラスに掲示しておくとよいと思います。発言のマナーは他の授業にも役立つでしょう。

次に、実際の場面を提示して、言い方を考えさせます。

「ドッジボールを嫌いな人が多いなんていうのは思い込みだと思います。本当は好きな人が多いのに、勝手に決めつけないでください」

と、反対意見の例を提示し、問題点を話し合います。

「ドッジボールが好きでたまらない人が傷つかないように反論・提案をしてください」

慣れてきたら、このようにお題を出し、実際の発言を考えさせます。なかなかおもしろい意見が出るので、極度にふざけない限りは許容し、明るい雰囲気で進めます。

最後に大切なのが**「まわりのリアクション」**です。

実際の学級会では、意見を言い合っている当事者同士が険悪になることは、実はあまりありません。

むしろ、問題になるのがまわりの反応です。

だれかが意見を言ったとき、初期の学級会では、

「はっ？」

「またかよ」

「違くない？」

「え〜」


といったネガティブな反応が起こります。

これがクラスの雰囲気を悪くしたり、裏で陰口に発展したりするわけです。実際の学級会では、当事者同士のけんかよりも、まわりの反応やヤジがもとで起こるトラブルがはるかに多いのです。

このような反応に対しては、はじめのうちから厳しく指導します。私は「自分の意見を

言いもしないで、陰で非難するのは最も卑怯である」ときっぱり伝えます。**この潔さが大事**です。

加えて**「まわりの人が使った方がいいポジティブ反応リスト」をみんなで決めておくとよい**と思います。今の私のクラスでは、

「いいね」
「そうか」
「なるほどね」
「いいじゃん」

がポジティブ言葉になっています。

決めておくと子どもたちもどんどん使うようになるので、学級会が明るくなります。

6　話し合いのルールを決める

クラス会議には「話し合いのルール」があります。

ただし、ルールはクラスによってそれぞれ違います。クラス会議が本格的にスタートする前に、事前にみんなで話し合います。

決まったルールは、毎回のクラス会議の始まりにみんなで復唱したり、黒板に掲示したりします。

私は、厳格にクラス会議のやり方を踏襲しているわけではないのですが、このルールを決める部分は非常に重要だと考えています。

ルール決めは、もちろん学級会をよりよいものにするための取組ですが、それ以上に重要な意味があるからです。

それは**「自分たちで決めて自分たちで守る」という主体的・協働的な体験**です。

これは大きな枠組みで捉えれば、民主主義的な手続きを学ぶことそのものです。わかりやすくいうと、「教師が決めた校則を守る」と「自分たちで話し合った校則を守る」くらいの違いがあります。

よいルールを考えるのが目的ではありません。**たとえ教師から見れば不十分であったとしても、自分たちで話し合って決めることに大きな意味があります**（ですから、ぜひ低学年であっても実践してほしいと思います）。

ルールを決めるうえでいくつかポイントがあります。

①すぐに決めない
②振り返る
③カテゴリーに分ける

自分たちで話し合うのが大切とはいえ、「なんでもいい」わけではありません。ルールに子どもたちの実感が込められていないと、ルールはすぐに形骸化します。

ところが、学級会の経験がない子たちは、学級会でどういう問題が起こるのかがそもそもピンときません。実感を込めるためには、それなりに経験が必要です。

そこで、私ははじめの学級会で「学級会で守りたいルールを3つ決めたいので、学級会でどんな問題が起こるか、どんなルールが必要か、しばらくよく観察してください」と伝えます。

この「先に伝える」ということが重要で、子どもたちの自覚の有無で結果が大きく変わります。ルールを考えついた子が増えたら（目安としては4、5回後）、そのときにじっくりと話し合って決めます。

次に、考えたルールについて振り返る機会があるとよいでしょう。会の終わりの先生の話で守れたかどうか挙手させるだけでもよいと思います。

いろいろ詰め込むと本当に時間がなくなってしまうのですが、評価を加えるとよいサイクルを回せます。

また、評価を加えることで、あまり芳しくないルールはよいものに変えていくことができます。

①すぐに決めない

学級会でどんな問題が起こるか、どんなルールが必要か、しばらくよく観察させる。「先に伝える」ことが重要。

②振り返る

評価を加えることで、あまり芳しくないルールはよいものに変えていくことができる。

③カテゴリーを分ける

カテゴリーに分ける意識をもつと、バランスのよいルールを決めることができる。

最後に、私の経験上、子どもたちが考えるルールには偏りが出る場合が多いです。

例えば「頭から否定しない」「優しい言い方を心がける」「『いいね』をたくさん言う」といったルールは、全部「感情」に関係しています。

自分たちで決めたのならそれでもよいのですが、できれば「相手の意見をよく聞いて質問する」「スムーズに進行できるようにむだ話はしない」など、幅広くルールを設定したいところです。

このようなときは「気持ちに関する意見が多く出ていますが、これでいいですか？」と投げかけるとよいでしょう。カテゴリーに分ける意識をもつと、バランスのよいルールを決めることができます。

7 トラブルシューティングを用意する

前章で、学級会進行表では、司会文に交えて、「※」で「○○な場合は、○○する」というメモをつけることをご紹介しました。

それと同じ要領で、トラブルシューティングをつくっておくと便利です。

学級会では、突発的な問題が起こるほかに、クラスカラーによる独特な問題も起きます。例えば「消極的な子が多く発言量が少ない」「男女の仲が悪く賛成・反対が男女で偏りやすい」「反応がよい反面、私語や口出しが多い」「人の話を聞かない子が多く、話が堂々巡りになりやすい」「一部の子たちが発言権（権力）をもち、決まったことに対して不平不満が起こりやすい」など、クラスによって課題が異なります。

そのような問題を本やネット上の知識ですべて解決するのは不可能であり、**学級会指導では教師が分析し、解決方法を模索する営みが不可欠**です。これが学級会指導のハードルを高くしている要因だと私は考えています。

授業では、若い先生もベテランの先生のやり方を真似すれば、ある程度同じように授業ができますが、学級会指導は経験の差が大きく出ます。

また本書も、幅広く問題を解決できるように網羅したつもりですが、実際にはまったく通用しない問題もあると思います。


「では、勉強しても意味がないのでは?」と思われるかもしれません。ある意味それは正しいですが、経験もただ積めばよいというものではありません。

授業名人・野口芳宏先生は勉強会のたびに、

「経験は意図的に積み、整理を加えなくては力にならない」


と、仰います。

この金言をぜひ覚えてください。学級会指導では本当に重要なキーワードです。

学級会指導は、悪く言えば「その場しのぎ」がほとんどです。**「発言が消極的だからAしよう」「私語が多いからBしよう」というように、対症療法的**なのです。

さらに、そのAやBが次に必要になるのは、似たようなクラスを担任したときまで訪れません。経験が非常に断片的になりやすいわけです。

本書を読んでくださったベテランの先生からすると、一つひとつの情報はご存知のことが多いでしょう。それでも本書を刊行する意義というのは、それらの情報に整理を加えているからに他なりません。

私は、Aという方法を考えついたら、必ず記録し、整理するので、次にAが必要なときに迷いません。さらに、BもCもDもきちんと整理して紐づけているので、すぐに使うことができます。

道具の一つひとつを引き出しにきちんと整理している状態を思い浮かべてください。本書は、その引き出しを順番に開けて示しているわけです。

整理するためには、まず記録をこまめに取る必要があります。

私はメモ魔なので、若いころは付箋とメモ帳を常に持ち歩いていました。初任から10年間で何千枚もメモを取ったと思います。数年前の水害で記録のすべてを失ってしまうというアクシデントから、今ではスマホやタブレットに記録することが多いです。

なお、**メモを取る際は、紛失してもよいように、個人名や明らかに個人が特定できるような情報は載せないようにしましょう。**私はデータの流出や校内で落としてしまう可能性を踏まえ、出席番号にしたり、自分にしか分からない略語を使ったりしています（例えばトラブルは「ト」とだけ書くなど）。

なお、クラスの課題はクラスのよさとも言えます。例えば「消極的な子が多いクラス」は「静かに話を聞けるクラス」と言えるかもしれません。ですから、そういった気づきもぜひメモして、子どもたちに積極的に伝えるとよいと思います。

また、学級会の問題点は、子どもたちに話し合わせるとリフレクションの機会になります。国語の単元（話し合い活動を振り返る単元）などと上手に横断しながら実施すると、時数の節約にもなるでしょう。

8　デリケートな問題は丁寧に取り上げる

学級会を本気で指導しようと思ったら、デリケートな問題は避けては通れません。

「休み時間が終わっても本を読み続けている人が多い」
「特別教室に遅刻して来る人が多い」
「掃除の時間にうるさくしている人が多い」
「給食の時間に違うグループと話している人が多い」

このように、議題箱には必ずクラスの諸問題が投書されます。それをしっかり話し合うことでさらにクラスがよくなればよいのですが、ネガティブな議題は非常にデリケートなので注意が必要です。**思わぬトラブルや修復不能な仲たがいに発展してしまう可能性があ**

ります。

前章で「投書の際は匿名性を維持する」などのポイントを書きましたが、注意したいポイントを改めてまとめます。

①投書に個人名を記載する際は匿名で書く

個人名を出したい場合は匿名とします。例えば「○○さんが授業中にうるさくて困る」と書きたいなら「Aさん」と書かせます。

また、自分の名前をどうしても匿名にしたい場合は、必ず先生に相談させましょう。基本的に無記名投書は無効とします。

②投書の内容は他言しない

投書は基本的に個人です。連名では出せません。連名を許すと、集団で告発したり、数の原理でだれかを攻撃したりする場合があります。

また、友だちに投書の内容を話すのもダメです。仲のよい友だちに言いふらしたことがそのまま陰口などのトラブルに発展してしまいます。

③深刻な問題は教師が解決する

極めて稀ですが、深刻な内容の投書がされることがあります。例えば「Aさんにずっと前から嫌がらせをされている」といった内容です。これを「クラスが成長するためのよい機会だ」などと捉えては絶対にいけません。学級会がいくら自治的な組織とはいえ、自浄作用には限界があります。このような問題は当事者を呼び、教育相談を実施して、教師が中心となって問題に対処します。

④特定の人が攻撃されないように配慮する

例えば「授業中の私語が多い」という問題を話し合ったとします。大多数に関係する問題であればよいのですが、実際は特定の数人だけがうるさいだけの場合があります。するとと、話し合いは自然と個人を攻撃する方向に向かってしまいます。人間関係が成熟していて、このような場合でも和やかに話し合いができるクラスならば問題はありませんが、もしそうでないのなら、投書した本人に説明し、やはり教師が問題に対処した方がよいでしょう。繰り返しになりますが、デリケートな問題は教師が「十分にできる」と確信しない限りは取り上げるべきではありません。

①投書に個人名を記載する際は匿名で書く
②投書の内容は他言しない
③深刻な問題は教師が解決する
④特定の人が攻撃されないように配慮する
⑤デリケートな問題の取り上げ方を話し合う

⑤デリケートな問題の取り上げ方を話し合う

やはりこの場合も子どもたちと考える時間を取るべきです。

学級会が始まる前の時間でもよいので「『授業中にうるさい人たちがいる』という投書があったら、どのように話し合いますか？」と子どもたちに考えさせましょう。

きっと「だれかが悲しい思いをしないようにする」「強い言葉を使わない」「批判が集中しないようにする」などの意見が出るはずです。

こうして意識するだけでも、結果はまったく違ってくるでしょう。

9　学校の年間指導計画をチェックする

はじめに、若手の先生に質問します。

まず、学級会が学校の計画でどのように位置づけられているか、はっきりと説明できるでしょうか。

というのも、私は若いころ「とにかく実践」の向こう見ずなタイプだったので、学校の教育計画なんてそっちのけで指導をしていました。しかし、私が若いころは学級会を開くのが普通だったので、暗黙の了解でそれでも大丈夫でした。

ただ、今は（本書で紹介しているような形式の）学級会をしないクラスも多いでしょう。このような状況では、若手の先生は「学年でだれも指導していないのに、自分のクラスだけ学級会をしていいのかな…」と不安や孤独を感じるのではないでしょうか。

そんなときに役に立つのが、学校の教育計画です。

教育計画中の「特別活動／学級活動／年間指導計画」に、1年間の大まかな学級活動の流れが書かれているはずです。

ここからは学校によって様々だと思いますが、教育計画がしっかり整備された学校は、学級会のテーマ例や学級会の進行手順などが添付されているはずです。

もし学級会について具体的な指導法が記載されている場合は、まずはそれをベースに指導を進めていくことをおすすめします。慣れてきたら、本書で紹介している内容を参考に補っていくというやり方がスムーズです。

学校で示されている方法なら、特別活動主任や学年の先生に相談しやすく、学校の指導体制とも矛盾しません。胸を張って実践できます。

また、それなりに実践しているクラスが多いと考えられるので、指導手順やポイントを参考にできます。

それがない場合は、自力で一から指導していく必要がありますが、それでも特別活動主任に学校独自の形式がないか、一度確認しておくとよいでしょう。**学校の教育計画に記載がなくとも、主任がノウハウを蓄積している可能性があります。**

次に、特別活動主任向けに述べます。

多くの学校では、学級活動の年間指導計画が準備されていると思います。年間計画の次には（これは学校によって異なると思いますが、たいていは）1時間ごとの指導案（細案）が綴られているはずです。

学級活動の計画は学校独自で作成しているものがほとんどだと思います。教科学習とは違い、教科書に付随する年間指導計画がないからです。

加えて、学級活動はかなり横断的です。保健教育、キャリア教育、防災教育、行事指導…と様々な教育活動と連携しています。例えば、計画をよく見ると、避難訓練が学級活動で時数確保されていたり、卒業式の練習の一部を実は学級活動で補っていたり…と、**様々な教育計画に学級会の時数が分散しているのがわかります。**

さらに厄介なのは、そのような「コラボ活動」の中には、「どう考えても1コマ（45分の授業）を使う必要はないのでは？」というものが多くあります（例えば、保健教育とのコラボで「正しい歯磨きの仕方を学ぼう」、図書教育とのコラボで「読書の仕方を考えよう」など）。

すると、**年間指導計画はあるものの、どこでどのように学級会活動の時数が費やされているか正確な数はだれもわからない、という状況になりやすい**のです。

そのような状態では学級会を行うにも行えません。私は特別活動主任として、学校で学級会（クラス会議）を広めたいと思ったとき、真っ先に学校の年間指導計画の整備から始めました。

具体的には様々なところに散りばめられた時数を集計し、どう考えても１コマ使わない活動、重複している内容を精選しました。

さらに、小学校学習指導要領解説特別活動編学級活動⑴⑵⑶と照らし合わせ、活動の整合性やバランスをチェックしました。

また、用意されている指導案が学級会の形式で実行できないかも検討しました。**内容を変えずに学級会の形で実践できれば、時数節約にもなり一石二鳥**です。

教務主任と協議を重ねて、学年主任に協力してもらいながら年間指導計画をしっかり整備し、それを公開したうえで学級会の普及を始めました。

回りくどい方法かもしれませんが、突然「学級会をやってください」と言われるよりも先生方が少しは安心して実践できたのではないかと思っています。

このように、特別活動主任は「環境を整える」ことを第一に考えるとうまくいきます。

10 他のクラスの学級会を参観する

私が特別活動主任として学級会指導に力を入れた年、勤務する学校の先生方は、ほぼ全てのクラスで（私が提案した形式の）学級会（クラス会議）を実践してくれました。校長先生にも「この1年で、多かれ少なかれ、ほとんど全部のクラスが学級会をしていた。子どもたちがすごく自主的になったし、学校がより明るく楽しくなった」と言っていただけました。

そのときの私は、「学級会通信」を定期的に発行して自分のクラスの学級会を公開する以外何もしていませんから、先生方のアンテナが本当に高かったのだと思います。1年でそこまで協力してもらえることは本来あり得ません（私は、どの学校に勤務しても、いつも人に恵まれます）。

これほどではなくても、学級会を実践してその話をまわりの先生にすれば、影響は広まっていきます。どの職場にも学級会指導に力を入れている先生が1人か2人はいるはずです。そのような先生を探し出し、学級会を参観したり指導を受けたりするとよいでしょう。若い先生なら、同年代の先生を誘ってお互いに学級会を見せ合うのもよいでしょう。先輩の授業を見ることだけが勉強ではありません。私は若いころに独自の（どの団体にも属さない自分たちだけの）サークルをつくり、定期的に模擬授業や授業記録、学級会の録画などを見せ合っていました。コロナを機に今は活動休止中ですが、本やSNSでは絶対に得られない貴重な学びの場です。

もちろん、サークル活動だけでなく、30代になった今でも、校内で同年代の仲間と授業や学級会を見せ合ったり、放課後に意見交換をしたりしています。というのも、私は就職氷河期の終わりごろの年代で、15万人規模の市で小学校教員の採用が10人程度という今では考えられない状況だったので、仲間意識が非常に強いのです。

一方、現在は職場の大半が20代といった状況も当たり前ですから、若手の先生には、もっと職場の仲間を頼ってみることをおすすめします。

明日から実践できる形としては、空き時間を活用するとよいでしょう。私は空き時間を活用して、校内の先生と授業を見せ合うのですが、教科の授業だとなかなかねらった時間に授業が合わせられず、うまくいかないことが多いです。

一方で、学級会は単発なので、進度や授業交換の影響がありません。**空き時間に合わせて授業を動かしやすい**のです。

また、学校の許可を取る必要がありますが、今は音声をそのまま文章として出力してくれるレコーダーもあるので（取材を受けたときに見せていただいたのですが、精度の高さに驚きました）、記録が取りやすいです。授業を見せ合う時間がなければ、仲間内で記録を交換するだけでも勉強になります。

さらに、これはかなりハードルが高い（許可が下りない）かもしれませんが、YouTubeもユーザーを指定し、動画を限定公開できます。アカウントさえあれば家でお風呂に入りながらでも見ることができます。校内研究として限定的に運用するのであれば、許可してもらえる可能性はあります。

本書を購入して読む意欲のある先生なら、明日から行動できるはずです。ぜひ行動に移し、多くの学級会を参観し、仲間を増やしていってほしいと思います。

応援しています。

第5章　学級会の実際　1年間の成長を比較する

本章では、私の学級（6年生）の1学期と3学期の学級会の「テープ起こし」を掲載します。

その前に。

「テープ起こし」と言われても、わからない世代の先生もいらっしゃると思うので、少し説明させてください。

「テープ起こし」とは、簡単に言うと「授業や活動を録音し、そのまま文字起こしする」という意味です。ひと昔は「実践紹介＝テープ起こし」が主流でした。私も他の先生のテープ起こしを読んでは、その教室の息づかいを感じたり、裏側にあるテクニックを盗もうとしたりしたものです。

しかしながら、テープ起こしは効率が悪く、行間を読む（テクニックなどを自分で考察する）必要もあるため、効率性の高さが重視される今は「もっとわかりやすくまとめてほしい」と感じる方が多いと思います。実際、ひと昔前は研究授業でも当たり前のように「テープ起こし担当・発言記録者」が設定されていましたが（録画が主流になったのもありますが）、今ではほとんど見られなくなりました。

そんな中、私が本章でテープ起こしを掲載したいと強く望んだのには理由があります。

それは、学級会が「生き物」であるからです。

本書の企画をいただいた当初から、読者の皆さんに「その場にいるような感覚」で学級会の実践記録を読んでほしいという願いがありました。

そのため、文章の加工などは最小限にしてあります。私の失敗や介入、修正もありのままです。このテープ起こしを読めば、1学期に学級会を成立させるのがいかに大変か、私がいかに泥臭く、執念深く指導しているのかがよくわかると思います。

そして、3学期と読み比べることで「根気強く続けていくと、3学期にはここまでレベルアップできるのか！」と、実践を続けるうえでの勇気をもっていただけたら幸せです。

最後に、このテープ起こしを読むと、本書の技術がところどころに使われているのがわかります。

全体をざっと読んだ後に「ああ、これはこんな使い方をするんだな」と戻り読みをしていただくと、さらに効果的だと思います。

ぜひ、教室を思い浮かべながら読んでください。

では、どうぞ！

6学年1学期の学級会

議題「1学期のお楽しみ会を開きたい」

司会　これから学級会を始めます。

（拍手）

司会　今日はアイスブレイクから始めます。先生お願いします。

（省略）

司会　今日の議題提案は○○さんです。お願いします。

提案者　提案は「1学期のお楽しみ会を開きたい」です。理由は、6年生の1学期はたくさん行事があって大変だったので、夏休み前にみんなとパーッと（笑）遊べたらいいなと思ったからです。

司会　議題に対しての先生のお話です。先生お願いします。

T　○○さんが提案しなかったら、先生が提案しようと思っていました。みんなが楽しめる内容にしてほしいのが一番のお願いですが、1学期は6年生としての仕事や行事がたくさんあったので、できれば思い出を振り返る会にしてほしいと思います。また、男女で好みの遊びが違うといった意見が合わない部分が多く出ると思いますが、そういうときはどういう言い方がいいですか？（簡単に意見を聞く）男女や特定のグループに分かれて対立するのはいいですか？（「ダメです」が多数）前回にも言いましたが、建設的な話し方、具体的にいうと、前の発言者の内容をよく聞いて、それに対してさらに反論したり提案ができたりするとすばらしいと思います。では、司会の○○さん、お願いします。

司会　では、先生が話した内容について、まずは近くの人と相談してください。2分時間をとります。

（2分間の相談タイム）

司会 時間です。静かにしてください。まずは議題に対する感想や気持ちを順番に発表してください。

（省略）

司会 話し合いに入ります。はじめにアイデアを集めます。何か意見がある人は発表してください。

C1 私はドッジボールがいいと思います。

C2 学校かくれんぼがいいと思います。

C3 中線踏みがいいです。

C4 バナナ鬼がやりたいです。

C5　キックベースがいいです。

T　ちょっといいですか。先生ははじめの話で「1学期の思い出を振り返る会にしてほしい」と言いました。そのことは考えているでしょうか。きちんと話を聞いて、目的に合った意見を言うようにしてください。もう一度相談タイムを入れますが、多めにとるので、必ず意見をもてるようにしてください。

司会　先生、何分ですか？

T　3分にしてください。

（3分間の相談タイム）

司会　ではもう一度意見を聞きます。アイデアがある人は手をあげてください。

C6　学校ウォークラリーがやりたいです。

C7　それぞれの係で出し物を企画すればいいと思います。

C8　え〜、ちょっと変わってますけど、思い出とか感謝を叫びながら靴飛ばしをする

（大笑い）

C9 じゃあ、感謝の言葉を叫びながらボールを投げるドッジボールはどうですか？（大笑い）

C10 1年生を迎える会があったので、1年生を誘って遊ぶ。

C11 普通にドロケイ。

C12 思い出クイズとか、パズルはどうですか？

（意見がこれ以上出ない）

司会 では、これらの意見に質問や賛成、反対はありますか？

C13 ドロケイに質問です。先生は普通の遊びじゃダメだって言っているので、それはおかしいと思います。

C14 私もその意見に賛成です。今回は普段のクラス遊びとは違うので、ドロケイには反対です。

C15 ドロケイは普段の遊びでできるから反対です。

C16 ドロケイは正直飽きている人も多いから、やらなくていいと思います。

C17　ドロケイはやっている人とやらない人の差が激しくて…

T　ちょっといいですか。ドロケイに反対意見をしっかり言うのはいいことだと思います。黙って座っているよりも100倍価値がある。そのうえで聞きますが、ドロケイが普段の遊びだからだめだという意見を、何人もの人が言う必要はありますか(ない、が圧倒的)。1人が言えばそれで十分で、それ以上は相手の気持ちをもしかしたら傷つけてしまうかもしれませんね。言い方ももっと優しく言うべきでしょう。さらに言うと、ドロケイをどのようにアレンジしたら、このお楽しみ会にふさわしくなるでしょう。反対する人は、そういうことは考えましたか？(考えませんでした、が多数)　本来は、そういう新しい視点の意見が出て、練り合っていくことを「建設的」といいます。先生がはじめに言ったことですね。司会の人も、同じ意見が重複する場合は□をはさんで切り上げるといいと思います。

司会　では、ドロケイ以外の意見に意見はありますか？

C18　学校ウォークラリーや1年生と遊ぶのには反対です。他の学年の邪魔をしてしまうと思います。

C19　1年生は体育の時間に誘ったり、学校ウォークラリーは使っていない教室を回ればいいと思います。

C20　でも、授業をしている教室の前を通るわけだから、意味がないと思います。

C21　廊下はしゃべらない、静かに歩くというルールを入れればいいと思います。

C22　守らない人がいたらどうするんですか？

T　はい、そこまで。もう少し「や・さ・し・い」言い方でお願いしますね（笑い）。

C23　1年生の体育の時間とか、学校ウォークラリーはロング昼休みとか、分散してやればいいのではないでしょうか。

T　今、とても建設的な意見が出ましたね。やるとしたらどうしたらできるか、もっとよくなるか、具体的なアイデアが出ました。そういう意見が多くなると建設的な話し合いになっていきます。

（しかし、意見が出ない）

司会　他の意見に意見はありますか？

C24　あの…、叫んで靴を飛ばすって、どういうことですか？（笑）

T　いいですね。質問大切です。質問すると意見が深まります。言い方もユーモアがあってよかったです（笑い）。
C25　え～っと…、思い出とかがんばったことを叫びながら、それを力にして飛ばして記録を測る（笑い）
C26　ドッジボールにも関係してますけど、いい思い出とか感謝の言葉を叫んでボールをぶつけたり靴を飛ばしたりしてもいいんですか？
C27　え～っと…、心がこもっていれば大丈夫だと思います！（大笑い、拍手）
司会　他の意見に賛成・反対はありますか？
C28　係の出し物に質問です。係は6グループあるので、出し物をしたらそれでお楽しみ会が終わってしまうのではないでしょうか？
C29　（教師の方を見て）お楽しみ会の出し物って…
T　時間によって数は変わります。それを話し合うのもみんなの役目です。

※ここでクラスがかなりザワつく。力がついていれば、司会が即座に「お楽しみ会の出し物はいくつを目安にしますか？」と聞き、多数決を取る場面。

T　では、係ごとの出し物をするか、それとも全体の遊びをするか、そこに焦点を絞ってみてください。○○さん（司会）お願いします。

司会　では、先生が言ったことについてどう思いますか？

T　ごめんなさい、相談タイムを入れてください。2分くらいで。

司会　では、2分間話し合ってください。

（2分間の相談タイム）

司会　では、意見がある人はいますか？

C30　私は、係の出し物に賛成です。出し物にすれば、普段できないような遊びも自然に増えるし、凝った内容になると思うからです。

C31　私も賛成です。それぞれの係で思い出を振り返るにはどうしたらよいかを考えればいいからです。

C32　私は反対です。もし係の人たちがやる気がなかったらどうするんですか？

C33　それは決まりなんだからやらせればいいと思います（笑）

C34　もし全員やる気がなかったらどうするんですか？
T　そういう水かけ論はやめましょう（笑）
司会　他に意見はありますか？
C35　私は係の出し物に賛成です。外遊びと中遊びをうまく分散すれば楽しめると思います。
C36　私はちょっと新しい提案で、思い出パズルとクイズは係の出し物と一緒にして、何も思いつかない係が担当するようにすればいいと思います。
T　すばらしい提案が出たね。黒板係、一緒にするときは線で結んで。司会者は、それでいいか多数決を取ってください。
司会　思い出クイズとパズルは係活動の出し物にしてもいいですか？
（賛成多数）
司会　他に意見はありますか？
C37　私は反対です。出し物にすると、聞いている時間が長くて、みんな飽きちゃいそうだからです。

（しばらく意見のやりとりが続き、意見は大きく割れる）

T　意見が大きく割れてしまったので、ここでポイントを絞ります。賛成意見と、反対意見の中で、それぞれ重要な意見を1つずつ選んでください。

（挙手）

するとと、賛成意見は「係の出し物にすれば、凝った遊びがたくさんできるから」で反対意見は「出し物になると、聞いている時間が増えて退屈になりそうだから」が一番の理由ですね。ちょっと難しいですけれど、この2つの意見をクリアできそうなアイデアはありませんか。

（教室が静まり返る）

T　では、2分間相談タイムを入れてください。

（このときに「係の出し物は希望制にすればいい」というつぶやきを教師が聞く）

T　今「係の出し物は希望制にすればいい」って言ったよね？　ここでちょっと相談タイムはやめて、詳しく教えてください。

C30　思い出パズルとかクイズとかはやりたい係だけやって、残った時間は全体でできる遊びにすればいいんじゃないかなと思いました。

（「すごい！」「それだ！」の声と拍手）

T　大きく意見が割れたとしても、このように建設的に話し合えれば妥協点が見つかりますね。とてもよかったです。では、時間もないので多数決に移ってください。

司会　では、この中から多数決で決めます。

（希望制の係の出し物が決まる）

T　では、余った時間は全体で遊ぶとして、何がいいですか？　これも多数決で決めてください。

司会　では、残った中から多数決で決めます。

（思い出ドッジボールに決まる）

司会　決まったことを発表します。決まったことは「係の出し物を希望制でやる」のと、余った時間は「思い出ドッジボール」です。先生のお話です。先生お願いします。

T　はい、途中はどうなることかと思いましたが、無事に決まってよかったです。最初は険悪になるかなと思いましたが、○○さんと○○さんと○○さん、後半はユーモアを交えて、柔らかい言い方で話していました。また、今日の目的は建設的に話すことでしたが、○○さんが「分散してやる」、○○さんが「希望制にする」と新しい視点から意見を投げかけてくれました。思い出を振り返る、という視点からも、たくさんのアイデア（一つひとつ取り上げる）が出ました。１学期の締めくくりとして、よいクラス会議になったと思います。意見がかみ合うようになってきたことが、1学期の一番の成長です。最後に、提案者の○○さんからも感想をもらってください。

(以後、省略)

■実践を振り返って

1学期の終わりとはいえ、学級会はまだまだ成立しているとは言えない状況でした。司会のコーディネートがなかなかうまくいかず、私がかなり口を出していることからも、そのことがよくわかります。司会が臨機応変に対応できず、セリフ頼みになってしまっているのが原因です。

また、子どもたちの意見が目的に沿っておらず、最初の段階で考え直しとなっています。子どもたちが建設的な話し合いをできずに険悪になる場面もいくつかありました。

なお、文章にするうえでの都合上割愛していますが、発言の仕方を何回か訂正し、言い直しもさせています。

6学年3学期の学級会

議題「長縄大会が近いのに練習をしなくてもいいのか」

司会　これから学級会を始めます。

（拍手）

司会　今日は「いいこと・感謝・ほめ言葉」を言います。○○さんから順番に言ってください。

（省略）

司会　今日の議題提案は○○さんです。お願いします。
提案者　私の提案は「長縄大会が近いのに練習をしなくてもいいのか」です。理由は、長縄の練習を体育の時間にしていますが、去年とは違ってなかなか気持ちが入っていない感じがして、このままだと勝てない気がします。それでいいのか心配になって提案しました。
T　○○さんが言ったように、今年も長縄大会があります。去年は2位？（3位です）、3位か。校内で3位だからなかなかいい結果だったのだけれど、今年は何を目標とするのか。1つ目は、順位を目指すなら目標はいくつか。それとも目指さないのか。2つ目は、順位だけではなくて、「こういうことを達成したい」「こんなルールを守って取り組みたい」「それをやりとげることでクラスをこんなふうにしたい」そんな意見をまとめてもらえればいいなと思っています。時間の配分と話し合う順番は司会の人に任せます。でも、ちょっと具体的なきまり事までは話し合えないかな？話し合い方としては重複する意見は避け、なるべくスタイリッシュに（笑）、テンポよく進めてくれたらうれしいです。まぁ、その点を含めてお任せします。では、お願いします。

司会　では先生が話した内容について、まずは近くの人と相談してください。2分時間をとります。

（2分間の相談タイム）

司会　時間です。静かにしてください。まずは、議題に対する感想や気持ちを順番に発表してください。

（省略）

司会　話し合いに入ります。はじめにアイデアを集めます。何か意見がある人は発表してください。

C1　まずは目標でいいですか？

司会　目標だけではなくて、心がけとかルールとかでもいいです。

C2　テンポよく連続で跳ぶ。

C3　150回以上跳ぶ。
C4　300回以上跳ぶ。
C5　2組に負けないようにする（笑）
C6　とにかくがんばる！（笑）
C7　失敗しても認め合う。
C8　ほめたり励ましたりする言葉かけをする。
C9　練習をたくさんする。
C10　休まない。
C11　前回よりもいい雰囲気でいい結果を出す。
司会　では、この中の意見で賛成反対はありますか？
C12　質問です。「休まない」というのはどういう意味ですか？
C13　練習したときにさぼらないという意味です。学校を休むのとは違います（笑）
司会　他に「休まない」の意見に賛成反対はありますか？
ないようなので、別の意見に意見がある人はいますか？
C14　「たくさん練習する」に質問ですが、週に何回やりますか？

C15　それはみんなで話し合って決めたいです。
司会　では、練習をやるとしたら、週に何回やりたいですか？
C16　2、3回くらいがいいと思います。あと、もし3回にするなら、3位以上は目指した方がいいと思います。週に5日あって、そのうち3回もやるんだから、高い目標をしっかり決めるべきだと思います。
C17　自分は3回の意見に賛成です。練習が多いなら成果も出るだろうし、目標を決めた方が具体的になるからです。
C18　自分はそれなら2位以内がいいです。高い目標を立てた方が成果も出やすいからです。3位だと前回と同じで、それでもいいのですが、同じでもいいと思うとちょっとモチベーション？　やる気が下がりそうです。
C19　私は決められた回数にするのではなく、週に最低でも2回というようにした方がいいと思います。去年は2回だけと決めてしまったので、時間があるときは多数決を取ってそれ以上やる、みたいにすればいいと思います。
C20　4回がいいと思います。何位を目指すかで変わってしまうと思いますけど、去年よりはいい結果にしたいとみんなが思うなら、それくらいやった方がいいと思います。

毎回練習を増やすかどうか多数決で決めてしまうとケンカになりそうじゃないですか？（笑）

C21　別の質問なんですけど、それって体育で練習した回数も入りますか？

司会　体育の授業を練習の回数に入れた方がいいと思いますか？　多数決を取ります。

（入れないことになる）

司会　では、体育の授業は練習回数に含めないことにします。

C22　つけ足しで質問なんですけど、練習は昼休みですか、それとも中休みですか？

司会　これも多数決を取ります。昼休みと中休みどちらがいいですか？

（昼休みになる）

司会　では、「練習をするとしたら昼休み」「体育の授業を含めない」になりました。練習の回数は2、3、4回のうちどれがいいですか？　もう時間がこれ以上割けないので、ここで多数決を取ります。

（3回になる）

司会 他の意見に対して意見はありますか？

C23 私は「連続跳びでテンポよく跳ぶ」は目標に入れた方がいいと思います。去年は全員連続跳びができるようになって、すごく記録も伸びたので、具体的な目標にした方がいいと思います。

司会 「連続跳びでテンポよく跳ぶ」の意見について賛成・反対はありますか？

（意見がない）

司会 他の意見について賛成反対はありますか？

C24 「前回よりもいい雰囲気でいい結果を出す」に賛成です。具体的に順位を決めてしまうとプレッシャーになるし、たとえ順位は低くなっても、（この目標であれば）

クラスの新記録などが出たら喜べると思います。

C25　私も賛成です。順位を決めてしまうと、例えば、優勝を目標にしてしまうと、2位になって去年よりも順位が上がったとしても喜べなくなってしまうと思います。

C26　でも、去年よりも記録が下がってしまったら、順位を決めてなくても自然とテンションは下がりますよね？（笑）だったら去年と同じ3位かそれよりも1つ上の2位で決めるのは妥当だと思います。

司会　時間がないので、他の意見について賛成・反対はありますか？

C27　「ほめ合う」に賛成です。去年も引っかかってしまったときにみんなに声かけをしてもらえて元気が出たからです。

司会　「ほめ合う」に賛成反対はありますか？

C28　私も賛成です。練習のときから声をかけ合えば、みんな自信がつくからです。

C29　賛成です。励まし合ったりほめ合ったりしてマイナスなことはないからです。

C30　賛成です。ほめ合えば自信がついて、跳ぶときなどの決断力がつくからです。

C31　私も賛成です。やっぱり言われるとうれしいし、力が出るからです。

司会　賛成意見が多いので次に行きます。他の意見について賛成・反対はありますか？

（手があがらない）

司会 では、先生も言っていましたが、順位を目指すことについてまず決めたいと思います。目標に順位を入れることについてどう思いますか？

C32 順位を決めるのには反対です。去年3位だったから、もし4位以下になったら、みんなガーンみたいになっちゃって（笑）、でも決めなければみんなでがんばったなって納得できると思います。

C33 私はちょっと反対です。目標に入れなくても、やっぱり4位以下になってしまったら、みんなガーンってなると思うんですよね（笑） さっき○○さんも言っていましたが、だったらはじめからちゃんと目標に入れてがんばった方が潔いんじゃないですか？

C34 私は今の意見に反対です。もしだれかが引っかかったりして、それで4位になっちゃったら、その人は結構ショックだと思います。そのときに目標が達成できなかったのが自分のせいになったらトラウマになると思います（笑）

C35 僕も反対です。順位を決めるよりも楽しむ方が大切だと思います。

C36　私は賛成でも反対でもなくて、もし順位を目標に入れるなら、それなりに、どういう練習をみんなでやったらいいかとか、練習の工夫の仕方をみんなで話し合ったり、みんなで守るべきルールを後でちゃんと決めたりした方がいいと思います。

C37　私も今の意見に賛成で、順位を目標にするかどうかで練習方法や心がけも変わってくると思うので、まずはそこを先に決めて、練習回数とかを決めていくのが一番いいと思います。

C38　私は反対です。小学校生活も今年で最後なので、やっぱり長縄が苦手という人はいると思うので、みんなで楽しむことが大切ではないでしょうか。

T　今言ったように、反対意見もやっぱりあるよね。そういう気持ちの裏側にあるものとか、考えとかを全部深堀りしていくのがこの会の大切なことだと思います。意見が割れるのはいいことです。さっき○○さんが言ったように、順位を決めるなら決めるなりの覚悟や準備が必要だと思います。どうやって練習したらいいかとか、どういうことに気をつけたらいいかとか。工夫しないといけないよね。まずはそれを決めた方がいいかな？

司会　そうですね…。では、まず具体的な順位を目標に入れた方がいいかどうか、多数決を取ります。

（順位は目標に入れることになる）

司会　では黒板にあるうちの、３位以内がいいと思う人？　２位以内がいいと思う人？

（２位以内になる）

司会　では、最後に先生も言っていたように、目標を目指すうえで守っていきたい心がけやルールについて意見を考えてください。２分時間を取ります。

（子どもたちが話し合う）

C39　文句を言わないで、前向きな声かけをする。

C40　毎回の練習で目標を決めて練習する。

C41　失敗しても責めないで、温かい声かけをする。
C42　応援歌をつくって応援する（笑）
C43　上手な人が苦手な人に教える時間をつくる。
C44　だれかが失敗しても自分たちでリズムを取り戻す意識をもつ。
C45　これはルールではないんですけど、目標達成したら１週間宿題をなしにする！（大笑い、大拍手）
司会　では、この意見の中で賛成反対はありますか？
C46　「目標を決めて練習する」に質問です。具体的にどのぐらいですか？
C47　１５０回くらいです。
C48　私は３００回がいいと思います。
C49　私は練習のはじめとおわりでは実力が変わってくるので、少しずつ目標を増やしていけばいいと思います。どうですか？
（その他、意見が出る）

司会　では、時間がないので、この中から3つ決めたいと思います。先生、3つでいいですか?

T　OKです。

（多数決を取る）

司会　では、決まったことを発表します。決まったことは、「順位は2位を目指す」「練習は体育の授業は入れないで週3回。昼休み」です。守るルールや心がけとしては「文句を言わないで、前向きな声かけをする」「目標を決めてメリハリをつけて練習に取り組む」「目標を達成したら1週間宿題をなくす（笑、拍手）」です。提案者の○○さん、感想をお願いします。

提案者　今年は最後の長縄大会なので、ちょっと心配していましたが、今日みんなの気持ちと具体的な目標が決まったので安心しました。

司会　先生のお話です。先生お願いします。

T　時間がないので短く話します。まず、順位を決めるかどうかの部分で、意見が大きく割れたところがありましたが、賛成・反対の応酬ではなく、順位を決めてから練習計画を立てたらどうかなど、○○さんと○○さんが具体的な提案をしていました。またそのときに、○○さんや○○さんがユーモアや笑いを交えて、明るく和やかに意見が言えていました。最後に司会の○○さん、意見が出なくなったときに「順位を目標に入れるかどうか」に焦点を当てて話し合いを軌道修正しましたね。すばらしい機転でした。全体的にも和やかに前向きに議論を進めることができましたね。どさくさに紛れて、1週間宿題をなくすことが決まりましたが、いい話し合いだったので採用とします（笑、拍手）。

司会　これで学級会を終わりにします（拍手）

給食があるので当番は早く用意をしてください。

■実践を振り返って

6年生の3学期だけあって、マイナス意見をしっかり言える強さが見られました。思っていることを自由に言う雰囲気があり、話し合いに厚みが出ました。

一方で、私のはじめの話がはっきりしなかったせいか、話し合う内容が多方向に散らばってしまいました。司会のマネジメント力にかなり救われた形になっています。話し合う内容は、ブレないように1つにした方がよいでしょう。この場合も、はじめによい意見が出たのに、順位を決めるかどうかにこだわるあまり、話がすり替わってしまいました。

第6章　学級会の議題集

私が学級会の指導を始めたときによく悩んだのが「議題」でした。

学級会指導は経験がものを言うと述べてきましたが、はじめのうちは指導がうまくいかず、子どもたちは（正直にいうと私自身も）「学級会って必要なのか？」と感じていたと思います。週はじめに「クラスの問題でも、やってみたいことでもなんでもいいから、議題を入れてほしい」とお願いしても、0の週が少なくありませんでした。

結論からいうと、学級会指導が上達するにつれて子どもたちの投書率も上がっていったので、この悩みは自然と解消されました。ただ、指導しはじめの先生にとって、学級会指導に加えて、この投書指導を並行して行うのは大変でしょう。

そこで、最終章となる本章の「議題集」が、同じ悩みを抱えた先生方のお役に立てばいいなと思っています。

学級活動の年間指導計画は学校ごとに計画されることが多いという点を、第4章で述べましたが、学校によっては学級会で話し合う内容があらかじめ決まっていたり、担任裁量で自由に話し合える時数が極端に少なかったりすることが予想されます。

そこで、この議題集は、学校の年間指導計画には登場しなさそうなもの、子どもたちの発達段階に合った楽しいものに主眼を置いて12本を厳選してみました。月に2回学級会を開催するペースなら、1年間では20回程度です。そのうち、学校で決められた議題（学級目標、運動会の目標などが設定されていることが多い）が10回あったとしたら、残りは10回。5回は子どもたちの困り事やクラスの問題について話し合うとすると、残りは5回。

こう考えてみると、確かに年に5回くらいは「今回は投書がない（または少ない）なぁ…」と悩む機会が、私も未だにある気がします。

とはいえ、議題が少ないのは、それだけクラスに問題がなく平和とも考えることができます。

そんなときはあれこれ悩まずに、この議題集を活用して、楽しい話し合いの機会にしてもらえたら幸せに思います。

クラスのマスコットキャラクターを決めよう

4月に学級目標を決めるクラスは多いと思います。4月の授業参観までに掲示が義務づけられている学校もあるでしょう。

そこで、多くのクラスで4月に学級会が開かれますが、意気揚々と学級会を開いたものの、2回目の議題に困るクラスが多いようです。確かに、4月はクラスが始まったばかりなので問題も少なく、学級会が必要な行事もありません。

学級会がすでにできるクラスなら、マスコットキャラクターを考えるのはどうでしょうか。**投書のマナーやルールを決め、キャラクター案を投書箱に入れさせるようにすれば、投書指導もできて一石二鳥**です。

キャラクター案には、「クラスカラーに合ったもの」「学級目標にふさわしいもの」などの目標を設定しましょう。目標がないと話し合いが「好みの応酬」になり、かみ合わなくなってしまいます。**あくまでも目標を達成するために、建設的に話し合わせることが必要**です。

クラスに増やしたい「あったか言葉」を決めよう

もしあまりにも忙しくてキャラクターデザインを考える余裕がなければ、クラスに増やしたい「あったか言葉」を考えさせるのもよいでしょう。

このような言葉づかいの指導は「ふわふわ言葉・ちくちく言葉」などと名前がつけられ、積極的に指導するように教育委員会が推奨している地区が少なくありません。

反対・質問はあまり出ないと思いますが、とにかく意見を言いやすい議題です。**たくさん意見が出れば力強くほめることができるので、学級会の指導のはじめとしてふさわしい**と思います。

また「その言葉をどういうときに使いたいか」なども話し合うと、より話し合いが深まります。**クラス替えのない学年であれば、前年度の振り返りを基に考えさせるのも1つの方法**です。

話し合いの最後に「具体的に使いたい言葉を3つに決めよう」などの制限を設ければ、多数決の練習にもなります。

クラス解散パーティを企画しよう

年度はじめに続き、議題が少なくなるのが年度末です。

3学期はほとんどの行事がひと段落し、卒業式関係を除くと大きなイベントはありません。学級的にもまとめの時期なので、順調に学級経営ができていれば、差し迫って話し合う問題もないでしょう。

行事がない分、学年末のお楽しみ会（クラス解散パーティ）を開くクラスが多いように思います。これはぜひ、**1か月前には話し合いを始め、充実した会にしたい**ところです。

これを書いているのは2月の上旬ですが、現に私のクラスでは、すでに「卒業記念パーティ」の企画が進行中です。

なお、これは発達段階にもよりますが、普段の遊びに加えて、**思い出を振り返るイベント**があるとベストです。今年のクラスでは「（6年間のスナップ写真を集めて）私はだれでしょうクイズ」「屋上から思い出を叫ぶ（検討中）」などが企画としてあがっています。できるだけ早い段階で話し合うとよいと思います。

学級花壇に植えたいお野菜（お花）を決めよう

生活科の単元で、２年生は野菜づくりをする学校が多いと思います。

私は以前、大きな畑や田んぼが敷地内にある学校に勤めたことがあるのですが、２年生は実にバラエティ豊かな野菜づくりをしていました。メロンやすいかは当たり前、聞いたこともないような横文字の野菜まで、実に多種多様です。

どうやって選んでいるのかを尋ねると、担任の先生は「学級会で子どもたちと決めている」と仰っていました。私はとても感動して「これはいつか自分もやろう！」と思ったのを鮮明に覚えています。

しかしながら、１学期に話し合う必要があるので、低学年の場合は学級会がうまく機能するか心配な面もあるでしょう。そのときは、**ある程度候補を考えておき、子どもたちに選択させるとスムーズ**です。**学級会を設定すると、生活科との教科横断的な学習になり一石二鳥**です。１年生も花を育てると思うので、育てたい花を話し合ってみるとよいかもしれません。

おうちでできる
お手伝いについて考えよう

低学年は生活科で「家族の一員としての自分」について学習します。特に2年生では「自分の生い立ち」について振り返り、家族への感謝などを授業参観で発表する学校が多いと思います。これは厳密にいうと、ずっとこの先も学習していく内容です（例えば、高学年なら家庭科の学習内容になります）。

しかしながら、**低学年はギャングエイジ期や反抗期に入る中学年や高学年と違って、家族とのかかわりについて素直に話せる年齢層**です。ぜひこの時期に「家族との関わり」について学級会を開き、意見交換をさせておきたいところです。

私のおすすめは「おうちでできるお手伝い」について話し合うことです。**家族の役割や仕事については生活科で話し合っておき、「じゃあ家族のためにどんなことができる？」という具体的な部分を学級会で話し合います。**私は2年生で実践したことがあるのですが、「包丁や火を使うのは危ない」「うちのお風呂は自動でたまる（から手伝えない）」など、様々な意見が出て盛り上がりました。

得意なこと発表会について話し合おう

1年生や2年生は、最後の授業参観で「得意なこと発表会」を開く学校が多いと思います。1年生では跳び箱や縄跳び、2年生ではかけ算九九など、さらに学校によっては1、2年生の合同発表会にするなど、様々な形式を私も見てきました。

グループ数が多かったり時間の制限があったりすると難しいと思いますが、個々のグループの発表に加えて、全体の発表を設定するとよいと思います。例えば「全員で長縄を跳ぶ（八の字跳び）」「合唱・合奏をする」「詩の群読をする」などです。その内容を学級会で話し合います。

しかしながら、いきなり話し合うのは低学年では難しいので、**「この1年間でできるようになったこと」を考えたり「先生がぜひやってみてほしいこと」を紹介したりして、ヒントを与えるとよい**と思います。

もし授業参観の時間が取れなくても、今は動画の配信やホームページで公開できます。家の人に見てもらえるとわかれば、モチベーションも高まるのではないでしょうか。

友だち倍増大作戦について話し合おう

中学年は、「ギャングエイジ」に入るので、子どもたちの関係が変わります。大人数で群れるようになったり、グループ化が進んだりするのが一般的です。

特に3年生ではクラス替えもあるので、友だち関係で悩む子が増えます。これらの対処法は拙著『小学3年の学級経営　ギャングエイジの担任術』に詳しく書きましたが、学級会で友だち関係についてもう一度話し合うとよいでしょう。

具体的には、学級会の前に友だち関係についてアンケートを取ります。全体に公開するかどうかは慎重になる必要がありますが、**心配事をみんなで共有するだけでも安心感につながる**と思います。

また、心配事というネガティブな要素だけでなく、**「もっと友だちを増やすにはどうしたらよいか」といったポジティブな要素も話し合えるとよい**でしょう。

私は3年生を担任したときは「友だち倍増大作戦」と名づけ、ペアトークやグループ活動、クラスイベントについて話し合いました。

リコーダー・鍵盤ハーモニカ上達大作戦について話し合おう

コロナ禍を経験して学校の行事は様変わりしたと思いますが、以前はどの学校にも音楽発表会がありました。今でも授業参観や動画配信など、機会や形式を工夫して公開している学校が多いでしょう。

3年生はリコーダーを習い始める学年なので、音楽発表会は自然と「じゃあ、リコーダーの演奏で」となると思います。

ところが、低学年の音楽とは違い、リコーダーに加えて鍵盤ハーモニカも格段にレベルアップするので、音楽が苦手になる子が激増します。

そこで、私は「リコーダー・鍵盤ハーモニカ上達大作戦」と名づけて、どうしたらリコーダーや鍵盤ハーモニカが上達するのか学級会で話し合いました。**この話し合いも音楽科と教科横断的になるので、とても効果的**です。

なお、「〇〇大作戦」というネーミングが多いのは、3年生を担任したときにすごく効果的だったからです。**議題のネーミングにこだわるのも工夫の1つ**だと思います。

はじめての宿泊学習（社会科見学）を成功させよう

1、2年生の校外学習は「遠足」なので、「社会科見学」として本格的に校外学習がスタートするのは3年生からです。さらに、4年生ではじめての宿泊学習を設定している学校が多いと思います。

そこで、社会科見学や宿泊学習に行く前に「守りたい心構え、マナー」「達成したい目標」を学級会で話し合うとよいと思います。

このとき、**ルールと目標を分けて話し合うのがポイント**です。「話をしっかり聞く」というマナーと「けんかしないでグループ行動をする」という目標を混同すると、話し合いがぐちゃぐちゃになってしまいます。時間に余裕があれば、2回に分けて学級会を開いてもよいでしょう。

さらに余裕があれば、クラスごとに話し合った結果を持ち寄って、学年集会を開くとなお効果的です。**他のクラスに対して自分のクラスの目標を宣言すれば、子どもたちの意欲や関心もさらに高まる**でしょう。

教室リフォームについて話し合おう

「教室リフォーム」に関しては「教室リフォームプロジェクト」などの先行実践が多数あるので、詳しい実践が知りたい方はネットで検索してみてください。

この「教室リフォーム」は学級会と非常に相性がよい実践です。高学年ならば一度は話し合わせたい議題ですし、学期に一度など、定期的に開くとなおよいと思います。

リフォーム、と言われると特別に聞こえるかもしれませんが、**「本箱の位置を変えてほしい」「通路が狭いから机の並べ方を変えたい」などといった小さなことでもOK**です。時間に余裕があれば「問題点や工夫したい点を出し合う」「解決策を決める」という二部構成でもよいと思います。私のクラスでは「イラストコーナーの設置」「宿題提出ボックスの設置」「私の机を教室の後方にする（黒板の前が狭かったため）」など、すぐにできるようなアイデアが多く出ました。

なお、**教室リフォームはどの学年でも実践可能**です。私は高学年向きかなと考えていますが、余裕がある方はぜひ他学年でも実践してみてください。

スポーツ大会を開こう

これは毎回実践しているわけではありませんが、私は高学年を担任したときに「スポーツ大会」を企画します。中学校では球技大会がありますが、それを小学校でもやりたいなと思ったのがきっかけでした。今では、球技に限らず「ミニ運動会」と名づけて様々な競技を開催しています。

種目に関しては学級会で話し合うのですが、**ポイントは「自分たちで運営できる競技であるか」をよく考えさせることです。**高学年ならば、企画だけでなく運営も自分たちの手でできないといけません。校庭のライン引き、器具集め、当日の司会進行、審判、得点といった仕事はすべて子どもたちに任せます。**ここを強調しておかないと、無謀・無責任な企画が乱立してしまい、意見がまとまりません。**

なお、アイデアに困ったときは『カンタン&盛り上がる！ 運動会種目101』（山中伸之、学陽書房）がおすすめです。みんなで取り組める、簡単かつ楽しいミニ競技が多数掲載されています。

どんな6年生（中学生）になりたいか話し合おう

「3学期は次学年の0学期」と言われます。そういう意味では、どの学年でも話し合える内容ですが、6年生になる5年生、中学生になる6年生にはぜひ話し合わせたい議題です。特に、5年生は次年度には学校のリーダーになります。先を見据えて1月中に話し合っておきたいところです。

学級会では**「どのような6年生（中学生）になりたいか」をいきなり考えさせるのではなく、「6年生（中学生）になるとどのような仕事があるか、学校生活がどのように変わるか」を具体的にイメージさせることから始めます。**教師主導で紹介してもよいですし、兄弟などがいる子に話させてもよいでしょう。

学級会でイメージが固まったら、それを達成するためにどのようなことをするべきか一人ひとりに考えさせるのもいいですね。**それをプリントなどに書いておき、次年度の先生に引き継ぐと指導が途切れません。**明るく楽しい次年度になるよう、前向きな目標が立てられるとよいと思います。

おわりに

「学級会の指導」について述べてきましたが、いかがだったでしょうか。

本書は、私が取り組んできた15年に及ぶ学級会指導の経験を、うそ偽りなく、なるべく薄めずに書き上げました。

なぜなら、学級会は「人と人との営み」に根差しているからです。さらに、その指導法の完成は、指導者の哲学や経験と結びつき、ノウハウや技術を超えた部分で結実します。学級会の指導は、「ハウツー読書」ではほとんど太刀打ちできない領域にあります。

書店には自己啓発書がずらりと並んでいますが、それらは多くの人がA＝B＝Cであると信じているから売れるのです。確かに、3＝3＝3かもしれません。でもリンゴ3、バナナ3、メロン3だったらどうでしょう。安易に「＝」で結べませんよね。文章に書かれていない部分を補完して読み進めないと、深い理解は得られないのです。

つまり、本当に身になる読書というのは、ノウハウを拾い読むのではなく、その裏側にどのような世界が広がっているのか読み解き、血肉にしていくことなのです。

学級会指導について深い理解を得るには、このような「行間を読み解く」作業が必要不可欠で、その先には取組の数だけの答えがあるのですから、少なくともリンゴかバナナかメロンかはっきりするように、感情面を含め、うそ偽りなく、事細かに書いたわけです。

それでも伝えきれていない部分は多いと思います。そう感じたときはぜひ、近くの先生に「この本にこんなことが書かれているんだけど…」と相談してください。「こんなふうに書いてある通りにはいかないよね」「もっとこうした方がいいと思うんだけど…」などと本書を使い倒していただけたら、これ以上の幸せはありません。

結びに、師匠である山中伸之先生、クラスの子どもたち、保護者の皆様、いつも支えてくれる大切な妻や家族、執筆に関して毎回高い視座から知啓を与えてくださる編集の矢口さんに心より感謝いたします。ありがとうございました。

2024年3月

須永吉信

【著者紹介】

須永　吉信（すなが　よしのぶ）

1986年生まれ。群馬大学教育学部卒業。

栃木県栃木市立岩舟小学校勤務。おやま教育サークル代表。

「授業道場野口塾」青年塾生。山中伸之氏に師事。

サークルの理念「良いものは良い　良いものは続く　良いものはいつか受け入れられる」をモットーに、日々授業や学級経営に励んでいる。研究分野は国語教育、道徳教育、学級経営など。

単著に、『６月からの学級経営　１年間崩れないクラスをつくるための戦略・戦術』『“やらせっぱなし”でも“隠れ強制”でもない　自主学習　THE REAL』『教師の待つ技術』『学級経営は「なぜ？」から始めよ』『小学３年の学級経営　ギャングエイジの担任術』（いずれも明治図書）

主体的な子ども、自治的なクラスを育む！　学級会

2024年６月初版第１刷刊　©著者　須　永　吉　信
発行者　藤　原　光　政
発行所　明治図書出版株式会社
http://www.meijitosho.co.jp
（企画）矢口郁雄（校正）大内奈々子・阿部令佳
〒114-0023　東京都北区滝野川7-46-1
振替00160-5-151318　電話03(5907)6701
ご注文窓口　電話03(5907)6668

＊検印省略　組版所　広研印刷株式会社

Printed in Japan　ISBN978-4-18-336636-8

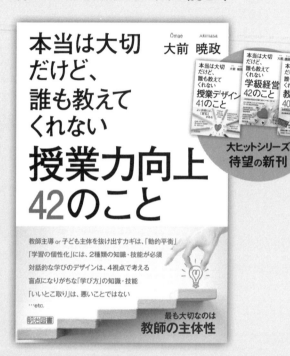